书山有路勤为径，优质资源伴你行
注册世纪波学院会员，享精品图书增值服务

优秀是教出来的

创造教育奇迹的55个细节

（白金版）

The Essential 55: An Award-Winning Educator's Rules For Discovering the Successful Student in Every Child

[美] 罗恩·克拉克 著 汪颖 译

電子工業出版社
Publishing House of Electronics Industry
北京·BEIJING

版权贸易合同登记号　图字：01-2017-0689

图书在版编目（CIP）数据

优秀是教出来的：创造教育奇迹的 55 个细节：白金版 /（美）罗恩・克拉克（Ron Clark）著；汪颖译. —北京：电子工业出版社，2017.3（2025. 9 重印）
书名原文：The Essential 55: An Award-Winning Educator's Rules For Discovering the Successful Student in Every Child
ISBN 978-7-121-30811-6

Ⅰ. ①优… Ⅱ. ①罗… ②汪… Ⅲ. ①小学教育－经验－美国 Ⅳ. ①G629.712

中国版本图书馆 CIP 数据核字(2017)第 011053 号

责任编辑：刘淑敏
印　　刷：三河市双峰印刷装订有限公司
装　　订：三河市双峰印刷装订有限公司
出版发行：电子工业出版社
　　　　　北京市海淀区万寿路 173 信箱　邮编 100036
开　　本：720×1000　1/16　印张：13.5　字数：170 千字
版　　次：2017 年 3 月第 1 版
印　　次：2025 年 9 月第 28 次印刷
定　　价：49.00 元

凡所购买电子工业出版社图书有缺损问题，请向购买书店调换。若书店售缺，请与本社发行部联系，联系及邮购电话：（010）88254888，88258888。
质量投诉请发邮件至 zlts@phei.com.cn，盗版侵权举报请发邮件至 dbqq@phei.com.cn。
本书咨询联系方式：（010）88254199，sjb@phei.com.cn。

谨将此书献给我的爸爸、妈妈
感谢你们给予我无私的爱与支持

还要感谢我可爱的学生们
关于生活，你们教会我的要比我能
教给你们的多得多

目录

推荐语

就在教师和家长都在无奈感叹我们的孩子越来越难管教时，这本书的出现无疑是及时的。它将改变我们对美国教育的一些刻板印象，让我们有机会向美国最优秀的教师学习如何使学生获得教养，如何给他们营造一个相互尊重、相互信任、相互支持的氛围，唤起他们的学习激情，让他们享受学习的快乐与成功。

作者克拉克先生的真诚、执著与睿智，让我们感到他并不陌生，尤其是他对学生的奉献精神，更让我们肃然起敬。事实上，他就是我们经常用“严慈相济”来形容的好教师的典范。他对学生倾注了无限的关爱，但同时又是威严的；他既能接连不断地给孩子带来快乐和惊喜，又能毫不留情地要求他们遵守他定下的“规矩”。

克拉克先生的55条“规矩”，可称良好教育必不可少的55个细节，其中的相当一部分会让我们感到似曾相识。是的，克拉克的很多观念与做法会获得中国教师的强烈共鸣。也许，世界上只有好教育与差教育之分，而好教育必然是跨越国界的，它植根于对普遍人性的深刻洞察和对人类基本价值观的坚定弘扬。而我们需要做的，便是在学习各国教育智慧的同时，更好地继承中国教育的优良传统。

刘堂江

刘堂江　我国著名教育记者、编辑、作家，现任教育部中国教育报刊社常务副社长、《中国教师报》总编辑，中宣部、教育部全国优秀教师师德报告团专家组组长。

中文版序言

《优秀是教出来的》是一本不可不读的好书。

回首20世纪80年代，改革开放初期，我们国家和发达国家的差距，主要是路的差距、楼的差距、交通工具的差距。而今，伴随着我国经济的高速持续增长，上述差距在逐渐缩小，越来越多的事例使人们感觉到：人的质量的差距是我们和发达国家的主要差距。

人的质量亦称人的素质，当我们关注社会诚信体系建设时，当我们推进和谐社会建设时，当我们思索人口大国如何成为人力资源大国时，人的素质无疑将成为避不开、躲不掉的重要话题。

遗传、教育、环境是制约人的发展的三大要素，其中，环境是影响人发展的决定要素。我们应该为孩子的成长提供什么样的社会环境、家庭环境和学校环境呢？在这个时候，细读《优秀是教出来的》，那种期望之中、意料之外的欣喜，那种如沐春风的感觉，那种于细微处见精神的启示，那种对教育的反思和进取的决心便油然而生。

美国优秀教师克拉克先生所著的《优秀是教出来的》，从餐桌礼仪到积极心态培养，从学习、生活到学会感恩，内容涵盖了青少年成长的方方面面，它告诉我们，每个孩子都有其独特的天赋和可塑性，只要我们让孩子们置身于充满新鲜感的教育氛围中，只要让他们感觉到自己确实是被人需要、被人爱着的，只要让他们成长并快乐着，那么，即使令人头痛的问题学生也会成长为举止得体、品行高尚的好孩子。本书所叙述的教育问题不是艰深的理论，而是简单易学、操作性极强的方法，一个教师、一个教育实践工作者，阅读之后，一定会产生模仿几招、跃跃欲试的感觉。

21世纪是细节决定成败的世纪，反思我们的教育，发现我们常常是注重整体而忽视细节。就像无数个最小自然数1相加的结果是无穷大一样，无数个细节相加就是整体，忽视细节就会导致整体的缺失。从细节入手提高人的质量，这是克拉克先生给我们的宝贵启示。

当前，“科教兴国”的发展战略已经把教育锁定在“三尺讲台的成败关系着国家强弱兴衰”的高度，教育承担着培养为天地立新、为民众立命、为万事开太平的时代新人的重任，阅读《优秀是教出来的》，学习美国优秀教师的成功经验，对于我们提高人的素质，实施科教兴国的发展战略，意义非同一般。

任何目标存在的价值都是希望有人超越它，多么希望中国教师的《优秀是教出来的》能及早问世！在教育改革创新的大潮中，今天的希望即是明天的现实，我深信。

冯恩洪

冯恩洪 1945年出生，同济大学EMBA，曾任上海建平中学校长，现任泰州中加双语学校校长，特级教师，全国劳动模范，1995年起享受国务院特殊津贴，2004年入选中国十大教育英才。主要社会兼职：中国科协教育专家委员会副会长，全国中小学德育研究会副理事长，教育部全国校长培训专家委员会委员，清华大学职业校长培训中心、华东师范大学校长培训中心客座教授。

致 谢

爸爸、妈妈，你们是我所见过的最明智的人，万分感谢你们教会我如何去笑，如何与人打交道。你们一直支持着我，使我有勇气去做我想做的任何事情，从不犹豫，而且还兴致勃勃地去迎接挑战。作为你们的儿子，我感到无比的荣耀！

感谢我的姐姐——塔西，感谢你对我一贯的关注和支持，也很高兴得知你在用我的方法教育孩子。还要感谢凯斯，感谢你对塔西的照料，你是个不错的姐夫。奥斯汀，我爱你，小家伙。你是一个聪明的小男孩，（永远记着，你要像罗恩舅舅一样哦！）你带给我从未有过的快乐和惊喜，你肯定会成为一个了不起的人。

芭芭拉·琼斯，你是我所见过的最勤奋、最棒的教师，能有幸在你身边工作，我真是世界上最幸运的人。我会永远记着：心灵美才是真的美！芭芭拉，你是我的支柱。

感谢琼·泽费斯、莫莉·博文、苏·霍洛韦尔，以及在奥罗拉的其他所有教师，你们毫无保留地接纳了一个体重140磅的天真大男孩，并且，你们对于教育事业的奉献精神给我做出了榜样。感谢奥罗拉的社团接纳我，并支持我的所有非正统主张和计划。今年我走遍了全美，发现没有一个地方的人比北卡罗来纳州的奥罗拉人更友好、更富有智慧的了。

丽贝卡·欧文太太，你是我最严厉的老师，感谢你！在你对我大喊大叫时，我还提醒你注意点态度，其实当时我就知道你已经注意了。你教给了我很多，我很想念你。

感谢东卡罗来纳大学和北卡罗来纳州教学奖学金项目，它们给了我一个扎实的教育基础，这远远超出了书本和考试所给予我的。你们把我塑造成为一个成熟的人，教会我同情、友爱和发挥自己的个性。V博士，我见到你的第一眼就知道你是个言行一致的人，而且从未改变过。感谢乔安娜·诺里斯和格雷迪·格拉夫，你们这些可爱的女孩子们！

感谢斯科特·韦尔斯，感谢你在这本书中表现的信念和给予我的支持，辛西娅·亚当斯和玛里琳·希尔瑞院长，你们是两位伟大的女性，我对你们拥有的充沛精力和乐于助人的精神表示由衷的赞赏。

弗朗西斯·卡斯蒂略夫人，我刚到东哈莱姆区的时候，你用温暖的羽翼呵护了我整整两年，对你给予我的指导、支持和爱护，我充满了感激。你是我见过的最具智慧、最有同情心和工作最努力的人之一。你正在进行的PS83项目和为东哈莱姆社区所做的工作，真的令人惊奇，它关系到很多人的生活，我对你佩服得五体投地。感谢维维安·格雷厄姆、布伦南·杰克逊、黑兹尔·科如兹、利萨·克鲁兹和其他所有投身于东哈莱姆PS83项目的成员。曾经是这样一个充满智慧和奋斗精神的团队中的一员，我感到无比的荣耀和快乐。感谢路易斯为我整理房间，感谢纳塔利把我喂得那么好，感谢艾丽丝逗我开心。

玛丽·埃伦·欧内尔，我对你献身于教育事业和立志进行教材改革的决心表示极大的赞赏。和你在一起工作很快乐，你对我本人和这本书所给予的支持，我真的无法用语言来表达我的感激。

辛迪·斯卡夫，今年和你一起工作我感到十分荣幸和快乐，感谢你帮我安排所有的演讲，并和我一同分享育人的快乐。每一个在演讲家事务所工作的人都令我着迷，感谢你们所有的人！

布瑞、彼兹、埃里卡、赖安和蒂凡尼，你们是我在这个世界上最好的朋友。在我的一生中能拥有像你们这样拥有才能和个性魅力的朋友，我感到很幸运，我爱你们所有的人。

乔伊，有你这样的朋友真是太好了！

劳埃德，感谢你教会我如何放松神经，怎样变得更有耐心。

雪利，你对我如此特别，有你这样的朋友，我深感幸运。

坎迪，你过去在我身上发现的东西激励了我，它使我变成了今天的我。我很感激你。

阿蔓达，无论我的生命中发生什么事，无论我们彼此变得多么疯狂，或者我们经受了什么，我知道你始终在那儿。你不只是我最好的朋友，更是我的姐妹。

最重要的是，我要感谢我以前所有的学生，和你们一同度过的每一天都充满了魔力，我学习着，笑着。在我的生命中，能拥有如此美好的时光，我从心底里感谢你们。

爱你们的

克拉克先生

序 言

她叫玛德，喜欢看肥皂剧《灯塔》，喜欢羽衣甘蓝（一种蔬菜）和烛花，她就是我的外祖母。玛德站直了只有1.5米高，但是当她把两只手叉在腰上时，她可就是这间屋子里最高大的人了。她没有半点废话，周围所有人都敬重她，要想学她可不大容易。我长大一点后，她就搬过来和我们一起住了。我能成为今天的我，外祖母功不可没。我对我的学生和所有的人寄予了55项期望，而她是促成我形成这些主张的重要因素之一。她，还有我的父母，给了我一种真正的南方式教育，包括礼仪、修养和学会感恩等。除此之外，还包括如何去享受生活、抓住机会和把握每一分钟等内容。我很庆幸有如此优秀的家庭成员，在生活中，他们都是我的楷模。

我当了教师后才知道，很多孩子没有这么好的成长环境。我一直努力在孩子们中间树立一种形象，如同我的家长给我的榜样作用一样。在不断地尝试教给孩子们如何去生活的过程中，我逐渐形成了自己讲课的内容和风格。通过多年的教学实践和观察，我的主张已经从最初的五条丰富到今天能编成一本生活教育手册了。我已经从我的学生身上看到了显著的变化：他们很自觉，在学校表现很好，并且懂得尊重别人。

我曾用我的这55条规矩成功地教育了我的学生，其实，它们都是生活中的一些细节，不仅适用于孩子们，其中的绝大部分都适合每一个人，从年轻人到老年人，从家庭主妇到医生，从政治家到侍者，以及其他所有的人。这些课程包括如何生活、如何与人交往以及如何感激生活等。因此，你看，它真的适合所有的人。

我感到很幸运，因为我能为孩子们工作，能直接获取第一手资料，从而把这55条规矩发展成今天这个样子。它们是我儿时成长经历的一种延伸，同时加进了我对生活的体会，以及在教育学生的过程中我认为有必要添加的内容，如让学生自律、释放自身的潜能等。无论如何，这些规矩的作用远不止于教孩子们如何表现，它们同时也会告诉孩子们，离开我的课堂后他们会面临什么问题，他们需要为此做哪些准备，它们还会告诉孩子们如何抓住机遇和树立自信等。从某个角度来说，它应该叫"55步计划"，但这些步骤不必按顺序做。在本书中，我都对它们作了注解，而且它们都被实践检验过，孩子们每天一踏进教室就要强制执行。今年年底，我特别想说的一句话就是：我的学生磨炼出来了。我知道我能把他们带到任何一个地方，让他们处于任何场合，让他们上任何一节示范课，因为我知道他们愿意学习，渴望增加生活阅历。

和孩子们一起度过的教学时光是快乐的，而且我现在也很难想象还有什么比教书更有意思的事了。而多少有点讽刺意味的是，在我的成长过程中，教师是我最不想从事的职业。我现在还能记得上学的时候，我渴望去发掘埃及法老的墓穴，渴望成为一名满世界乱飞的战地记者，或者是一名在外国执行秘密任务的间谍。而成为一名呆头呆脑、缺乏挑战精神和神经麻木的教育学教授这个念头，压根就没在我的脑子里出现过。

到了高中快毕业的时候，父母和我一起坐下来，共同讨论我未来上什么学校。我的父母都是工作很努力的工人，当时供我上中学对他们来说已经是颇有压力的了。我还记得爸爸对我说："罗恩，这不是你应该考虑的，这是我们的事情，你只需要把你的精力放在学习上。"他们为我付出一切，我很感激，但是我不想将他们置于那种拼命工作的境地。那段时间，我听说有个教师奖学金项目（Teaching Fellows Scholarship），它可以为我提供全额奖学金，条件是毕业后在北卡罗来纳州教四年书。我根本就不想当老师，但是我知道它既可以让我获得学位，同时又能让我们家免于一场财务危机，于是我决定用这笔奖学金来支付我的教育费用。但是毕业后我不想当老师，我想从事其他行业，赚足够多的钱来还那笔奖学金。这不是一个很光彩的计划，但我当时确实是这么想的。

上大学期间，我发现我生命中真正的爱好是冒险。什么冒险的事我都敢干，而且它们确实能带给我快感。我和我的朋友布瑞曾经奔跑着穿过足球场，穿着拳师的衣服，从头到脚都涂成了紫色的，而当时那里正在进行全美实况转播。我们跑进去的原因是我们当时正在被一群气得哇哇大叫的警察紧追不舍。我在当肯甜甜圈快餐店工作期间，有一回玩捉迷藏，我藏进一个打开了开关的带锁的烤箱里，而事先又不小心把和我一起干活的人锁在了屋子外边，那次我差点被做成熟肉。还有呢！我有恐高症，可我还要去蹦极。我爬到山上，脚踝上拴着绳子从峭壁上跳了下去。我还在大西洋沿岸驾滑翔伞玩过滑翔。大学毕业的时候，我心里很清楚自己不想教书。事实上，我当时根本就不想工作。因此，为了寻找更多的冒险机会，我去了伦敦，当了一名歌舞厅的侍者。我操着南方口音玩遍了英国的旅游胜地，六个月之后便离开了。我开始背包穿越欧洲，最后在罗马尼亚结束了旅行。在那儿，和我在一起的吉普赛人给我老鼠吃，害得我大病一场，我这才飞回家。我的冒险当然有亮点也有污点，比如差点被煮熟，或者是在法律方面遇上了麻烦，这段经历尽管以我生病而告终，但我认为还是值得的，因为我从此变成了一个更强壮、更聪明，也更优秀的人。

我从罗马尼亚返回家乡，我的父母见到我非常高兴，但是我当时可没打算在家待多长时间。我的朋友布瑞那时要去加利福尼亚的海边生活，我也想立刻到那里去。我妈妈当时最大的愿望就是让我守在父母身边。她告诉我，我们镇上有一个五年级的老师最近去世了，得的是急症，她的过世对她的学生、全体教员乃至整个社区都有影响。顺便提一下，我们住在奥罗拉，全镇的人口只有600人，从住的地方到学校开车要20分钟，每天都要这么跑来跑去的，这所学校对老师来说没有什么吸引力。妈妈告诉我，代课老师已经代课一个月了，这个班的孩子已经管不住了。这所学校大约75%的学生是少数民族，大部分学生的午餐是免费的或减费的。我当时很为这些孩子感到惋惜，但是我实在没兴趣接管这个班，因为五年级的学生精力旺盛，他们中的很多人问题成堆，在学习上却很低能。

我告诉妈妈：让我去这所学校，没门儿！但她给我的答复是：如果我连找校长谈谈都不肯的话，她和爸爸将终止借钱资助我去冒险。于是第二天，我成了第一个到斯诺登小学的人。

尽管我同意见见校长，但我仍然无意接受这份工作。我的婶婶卡罗琳是这儿的秘书，所以我打算在飞往加利福尼亚之前能有个机会见见她。一到学校，我先去看望我的婶婶，然后才去见校长。校长叫安德里亚·罗宾森，她带我先参观了学校，又把那班的学生指给我看。她告诉我这些学生是多么需要我，尤其是几个学习上吃力的孩子，还告诉我无论如何要提高他们的考试成绩。我记得我当时暗地里想的是"别想劝我留下来"。我装着很感兴趣，但内心根本就没把它当回事。之后，校长陪我到了五年级学生的那个教室，我们走了进去。有个叫瑞泉的小男孩儿坐在离门很近的位子上，用一双棕色的大圆眼睛看着我问道："你是我们的新老师吗？"我至今解释不清我当时听完那句话后的感受，它对我来说如同神灵显现，他的声音里充满了信任，脸上洋溢着兴奋。他那种明显的对稳定的渴望唤醒了我，我明白我应该留下来。于是我转过脸来，看着瑞泉说道："我想是的。"

在我接管这个班之前，校长希望我先观摩代课老师讲课，她不想让我在毫无准备的情况下贸然进入这个班，或是指望这个班能给我什么灵感。代课老师沃德尔夫人的行为颇有些古怪，她总是一只手拿着一块三明治，歪带着一团乱七八糟的假发。我第一天观摩她的课时，一个学生没有回答上来她的一个问题，她就开始变得烦躁不安起来。接着，她在黑板上画了三个一排的小圈，然后命令那个男孩子把鼻子放在中间的那个圈里，两只手分别伸出一个手指放在两边的圈里。她让那名学生那样待着，转身对着全班其他同学接着问这个问题。下一名学生答对了，她于是把双手伸向空中，大声说她感到了圣灵的存在，然后又开始整篇地唱赞美诗。我坐在那儿观摩了一个星期，心里有个愿望一天比一天变得强烈，那就是我要和这些孩子们在一起，他们比我原来想象的更需要我。在我接手这个班的时候，那个代课老师特意留给我一点“智慧”。她看着我说：“克拉克先生，你会做得很好的，只要你影响了一个孩子的生活，你就算成功了。”

直到今天，我都不喜欢她这种说法。我感到我们应该抱着坚定的信念去影响每一个学生。只影响到一个孩子就认为自己成功的想法是远远不够的。我有一个想法，那就是我要在一年的时间里，让我们班上每一个孩子的生活都有好转，我要把能给他们的都给他们。第一次踏进这间教室，从沃德夫人手上接过这个班的时候，我几乎什么经验都没有，但当时我已经预感到我的生活将发生变化，因为我决心要给我的学生不同于以往的生活，一种更好的生活。我的教师生涯从此开始了。

在此后执教的七年时间里，我的经历如同滚雪球一样日益丰厚起来——“9 · 11”之后应邀访问白宫，率领学生在全美旅行，我的教学方案吸引了全球的目光，我的工作从北卡罗来纳州的乡下换到了纽约城的哈莱姆区。这些事情都是我在为孩子们工作期间和努力教他们55条规矩过程中的几个亮点。我在这里讲述了我的故事，其中有亮点也有污点，有成功也有失败，这些经验和教训将一直伴随我走下去。

当你浏览目录的时候，有些规矩你也许会喜欢，并决定用在你的学生或孩子身上，而有一些也许无法使你产生灵感。我们对孩子的行为的容忍度是不同的，我们对自己和别人的期望值也不一样。我提供的只是一些建议，只是经实践证明对我的学生行之有效的一些方法，我希望这些对你也有用。

1 说话先要讲礼貌

回答大人的问话时，要用“是的，阿姨”或“不，老师”这样的尊称。如果只是点头或用其他的方式表达“是”或“不是”，那是不可取的。

由于我在北卡罗来纳州的乡下长大，这么说话对我来说太自然了。我感觉它是所有规矩里最重要的之一，因为这样说话带有敬意，我希望我的学生也能这样跟我说话。假如你想让孩子们尊敬你，你就必须让他们知道。很简单，告诉他们你想让他们称呼你的时候冠以“先生”，让他们知道你喜欢让他们这样和你打交道。我告诉我的学生们，用这个办法和大人打交道是很有效的，更进一步地说，成年人之间打交道，这说不定什么时候也管用呢。举个例子吧。最近我给电话公司打过一次电话，想纠正话费单上的错误。接电话的女士起初有些不耐烦。然而在对话过程中，当我说了一声“是的，女士”后，她的态度完全变了。她变得更乐于助人，也更容易打交道了，而且最后还免了我账单上话费的一半。

这可比我请求她更正的数额多多了。

我有一些居住于纽约黑人住宅区哈莱姆的学生，他们曾面临一次上好高中的机会，这所高中来年要招收 30 名学生。在申请入学的众多孩子中，就有我的 12 名学生。我给我的学生进行面试训练，我着重强调的一点就是 :“无论何时你都要说‘是的，女士’或‘是的，先生’。”面试几周之后，我惊喜地得知我的 12 名学生全部被录取了！当我和这所学校的招考官交谈时，他一遍遍反复强调的主要内容就是，我的这些学生在面试的时候是如何如何地有礼貌。这看起来似乎很容易做到，但是确实行之有效。

2 眼神沟通很重要

用眼睛和他人沟通。有人对你说话时，眼睛要注视着他；有人发表意见时，你的身体和脸要正对着他。

眼睛盯着一件东西看，这对有些人来说有点困难。但是，如果你正在努力赢得人们的好感，并且想表示你所说的话很认真，这就显得很重要了。例如，当你走进老板的办公室要求他给你提升时，如果你的眼睛紧盯着他，而不是低着头，那么他会更为认真地考虑你的请求。当你在单位陈述你的一份商业计划时，如果你用自信的眼神看着周围的人，那么大家就会更加信任你并认可你的计划。

我花了很长时间训练我的学生用眼睛来与人沟通。为了让他们有更多的实践机会，我把他们每两个人分成一组，然后告诉他们，当你发表演说时，眼睛要注视着对方，语气里要带有更多强调成分、加入更多感情色彩。如果这时你的眼睛看着别处或盯着地板，那就说明你对自己所说的话并不确信，或者你说的可能根本就不是事实。我还告诉他们，我听说如果眼睛不停地往左上方瞟的话，就说明你正在撒谎。我经常训练他们两个人一组互相对话，让他们逐渐意识到，用眼睛看着对方说话是非常有效的。

用眼睛和别人沟通，不仅表明你很自信，同时也表示你对别人很尊敬。在课堂上，当一个学生发言时，我都会确保其他所有的同学转身看着他，专心听他发言。一个学生的发言没结束，我绝不允许其他的同学举手补充。如果他们这样做的话，那就说明他们把很多精力放在了自己要补充发言的内容上，而没有专心听那个正在发言的同学说什么。我让他们想象一下，如果一个人正在努力表达一种想法，而他周围的人却不断挥舞着手臂，这会让正在发言的人感到自己的观点一钱不值，因此我们不能这样做。

我现在还记得我自己上学的时候，只要用眼睛盯着老师，根本就走不了神。如果我盯着我前边同学的后脑勺或我的铅笔，那就很容易走神了，但一看着老师，我马上就能回过神来。因此，后来在我讲课的时候，我要确保所有人的眼睛一直盯着我。因为站在前边，所以我能看见学生们脸上的表情，并且能指出他们谁没听懂，谁走神了，或谁在专心地跟着老师的思路走。同时，我作为一个活生生的人站在他们面前，不停地在动，并辅以手势或板书，让孩子们始终跟着我的思维走。

我曾在快餐店工作过很长时间，在当肯甜甜圈快餐店做过甜甜圈，还在数不清的饭馆收拾过餐桌。服侍人的活儿真不是什么好差使，但是当你不得不去和形形色色的人打交道时，那就变成了一个磨炼人的好机会。我很喜欢顾客点菜时看我的眼神，他们看我时的表情可不全是尊敬。当他们要离开的时候，我总希望他们能对我说声“谢谢”，然而很多人都不说，这令我很困惑。他们当时在想什么呢？而很多人说“谢谢”也是在他们已经转身要走掉的时候才随口说一声。为什么不能用一秒钟的时间看着别人，表达一下你的谢意呢？

我努力训练我的学生对学校里那些不是教师的大人们表达谢意。在学校里，那些管理员、餐厅工人和秘书通常被学生们忽略，因为他们认为教师更值得尊重。我努力改变学生的这种意识，我向他们解释，学校里的每个人都有不同的作用，大家共同努力才能使他们获得更好的教育。我还告诉学生们，如果让那些管理员、工人或秘书感到他们的工作得到了赞赏的话，他们会更加努力工作的。如果他们更加努力，校园的环境肯定会比现在更好。我希望孩子们做到的，我一定首先保证自己做到。我在与学校里所有的员工打交道的时候，都抱着友善和尊敬的态度。我带好了头，学生们做起来也毫不费劲，而且效果明显。当我们去餐厅就餐时，学生们在队列里不能说话，轮到自己时，他们必须用眼睛看着餐厅师傅，并说“我可以要……吗？”还要挨个地对师傅说“谢谢”，并祝他们心情愉快。这些师傅总是称赞我们这个班的学生有多好，他们对孩子们的问候感到非常愉快。

无论我们和周围的人用什么方式交流，也不管我们表达的内容是什么，我们肯定会对那些用眼神和我们沟通的人给予更多的关注和回应。

“谢谢您。祝您今天心情愉快！”

3 真诚祝贺获胜者

假如班里的某个孩子玩游戏赢了，或把某件事做得特别出色，我们都会祝贺他。鼓掌至少要持续三秒钟的时间，还要确保两个手掌充分接触，以便掌声足够响亮。（我知道这么说你们可能认为我是个疯子，但孩子们确实喜欢这样。）

想想橄榄球或篮球运动吧，当一个人触地得分或赢了一个篮板球时会发生什么？整个人群都会变得疯狂起来，为这个人欢呼。无论我们大家为了一个共同目标一起在哪里工作——车间也好，家里也罢，特别是教室里，我想我们都应该有这样一种相互支持的氛围、一种同志之爱。不管在什么时候，当人们因为他们的努力而获得表扬和奖励后，他们往往会把工作做得更好。很显然，至今仍有很多父母由于种种原因没能经常鼓励他们的孩子，学校的校长和其他领导也没有营造出一种这样的气氛，可以让同事之间互相祝贺彼此取得的进步。

我努力给我的学生们做出一个榜样，那就是一个真正的团队和家庭是如何相互支持、相互鼓励的。我上课的第一天进行了一次发言，大意如下：

当你们把事情做得特别好的时候，难道不希望别人为你们祝贺吗？事实上，我们都希望能得到别人的鼓励。那么，今年我们大伙儿将组成一个家庭，家庭成员之间会彼此保护、相互支持，会为对方的成功而由衷地庆祝。这就是我们这个班想要的气氛。因此，每当我们中的某个人把事情做得非常好时，你一定要让他知道你看到了。你可以简单地对他说一声“做得不错”，或者为他的这份努力而鼓掌喝彩。你如何表达并不重要，最重要的是，你对他的成绩表达了由衷的赞赏和鼓励。

之后，当班里出现什么值得表扬的事情时，我就先带着大家鼓掌。有时是在一段精彩的发言之后，有时是某位同学考试得了高分，或者是谁写了一篇优秀的作文。也有的时候，一个学生得的分数并不高，但他确实进步了，我们也会为他鼓掌。之后，我们会做几个角色模仿练习来训练鼓掌技巧，是的，训练鼓掌。不能只鼓一半掌，所有的同学鼓掌必须到位，以充分地表达自己的敬意和赞赏。在我教学生们如何鼓好掌之前，只有一半的孩子鼓掌，还有四分之一孩子的两只手几乎不接触，而剩下那些孩子的两只手几乎距离十万八千里远。在我指导了他们鼓掌的细节之后，这些孩子全都掌握了。

当然，有的时候孩子们也会为一些不值得鼓励的事而鼓掌。我们有个约定：只要有人开始鼓掌，我们就必须全都开始鼓掌。很显然，那些最先鼓掌的同学一定发现了什么值得鼓励的事情。相对于那些不值得鼓掌的事来说，微弱的掌声更糟糕。

一个老师面对全班 37 名学生，要想关注所有的同学、表扬所有值得鼓励的事，这几乎是不可能的，而让同学们彼此之间互相鼓励就容易多了。得到老师的赞扬固然不错，但是得到来自同龄人的赞赏，效果往往会更好。

到我们班来参观的老师，经常会问我为什么把学生的分数贴得满教室都是。这看起来有点另类，因为教师们通常都对成绩保密，以保护学生们的自尊。然而我发现在全班公布成绩是一个积极的举措，可以在班上营造良好的氛围。第一，我并没有把所有的成绩都贴出去，而且这也是不可能的，我挑选的是那些孩子们经过努力取得的好成绩；第二，我选的是某个学习阶段的成绩。举个例子吧，每天晚上孩子们都要完成一项阅读的作业，第二天早上，我会针对这篇阅读的文章让他们做一份试卷，上面的问题有 10 多个选择答案，我在 5 分钟之内就能给他们评出成绩，而且通常当天就发给他们。我会在发试卷的同时，把成绩抄在已经贴在墙上的成绩栏里，以便期末总评时用。成绩单一旦公布出来，我就开始大作文章了：我先叫学生的名字，然后停两秒钟，之后喊出他或她的成绩。如果是 100 分的话，我就使出最大的劲喊，紧接着全班就欢呼起来，每个学生的脸都会因兴奋而泛着光。90 分的成绩也会得到掌声，有时 80 分、甚至 70 分的成绩也会有掌声，只要这位同学进步了。学生们喜欢这种做法，他们一整天都盼望着这样的时刻。

在这种环境下教书和工作能引导人积极向上，同时也充满了乐趣。我想，人们应该在每间教室、每个工作场所努力制造这种氛围。

4 相互支持创奇迹

> 在讨论问题的时候，要对其他同学的评论、观点和想法表示尊重。要尽可能地这样说：“我同意约翰的观点，同时我也感到……”“我不同意莎拉的看法，尽管她抓住了问题的核心，但是我觉得……”或者“我认为维克多的观察真是太精彩了，它让我意识到……”

这也是一个不容忽视的细节，我觉得应该把它应用于每一间会议室、每一场会议、每一个工作单位，以及每一个家庭的饭桌上。这种情况太常见了：我们不同意别人的观点，可又苦于没有一种很轻松的氛围，能让我们把脑子里的想法自由地表达出来。同样常见的事是：人们担心一旦把自己的观点说出来，别人会怎么看，自己会不会遭到嘲笑、贬低和忽略。我猜测，在一间房子里，每天可能有数百个好主意没人听得到，或者根本就没说出来。

我明白这一点，所以不希望我的教室也是这么个环境，因此我和我的孩子们一起开发了一个系统，就是我们要创造一个相互支持、没有畏惧的氛围。我想创造更多的机会，让大家都能畅所欲言，而不仅仅是让学生在教室里随意发表见解。我想让这些思想和主张发展成一种讨论，让所有的观点都能得到大伙儿的关注。为达到这一目的，我需要一步步地引导孩子们用一种充满尊重和支持的表达方式，对别人的发言发表自己赞同或否定的意见。

首先，我告诉学生们，永远不要嘲笑别人的发言或拿别人的发言开玩笑。每个人都应该为班集体作贡献，为了让我们这个集体成为最好的集体，我们需要倾听每个人的意见和想法。我鼓励他们发表不同意见，还告诉他们，人们的想法是千差万别的，而且你的想法在传达给别人的时候还会产生误差。正因如此，我们每个人都有个体差异，不同的禀赋、不同的经历会导致你周围的人产生怎样的念头，你根本无从得知。因此，我们应该尊重别人的言论，不要有任何居高临下的感觉，也不能让别人感觉他们的思维方式有问题。

为此，我们做了大量的练习。聆听别人的发言，并且从别人的发言中找到有价值的内容，这对许多同学来说似乎都是第一次。我一遍一遍地告诉我的学生，他们说过的话给了我多么大的启发，或者是他们的发言有多么棒。当他的同学转过身对着他说“哇，这主意太伟大了，我根本就没想到”时，这句话的价值会远远超过我的那些赞美之词，它给了孩子自尊和自信。这就如同从妈妈嘴里听到赞美的话后会感到很愉快，而从同事那儿得到积极的肯定和接受，我们则会体会到更多的满足。

我在哈莱姆任教几个月之后，我教的这些孩子就与其他孩子有了明显不同。参观过我们学校并观摩过我上课的人总在谈论我的学生如何有礼貌、如何相互支持。他们对学生们能愉悦地全身心投入讨论、并对所有的发言和观点表示尊重感到惊奇。我最初也是想了很多办法才有了这种变化的。记得我刚到哈莱姆教课时，我不会玩双绳跳——学生们跳绳的一种玩法，于是我想让他们教我。起初他们并不情愿，我试着跳的时候也没有人指点我，也不给我更多的机会尝试。他们只让我跳两次，然后我就得去排队了。

我注意到，如果谁跳绳跳得好的话，其他同学就会尊敬他，这似乎决定了一个学生在班里的处境。所以我就想，如果我能跳好的话，一定能赢得这些孩子的心。我一次次地努力尝试，但他们每天只会嘲笑我。看起来，他们根本就不想给我任何机会，因为他们知道要把我教会会占用他们太多的时间，而且我好像根本就不可能学会似的。但不管怎样，我每天依旧不停地跳。绳子经常打在我的脸上，我看起来一直在笨拙地傻跳，孩子们常说我跳绳时像匹马，上下乱窜。终于，几个月之后，我观察到孩子们有所变化了。他们开始相互支持，也有同情心了，而且变得更加热衷于课外活动。努力了三个月之后，就在我准备放弃学跳绳的时候，一根绳子突然间打在了我的前额上，血顿时流了下来。看来克拉克先生跳绳的日子行将结束了。然而，就在这个节骨眼上，孩子们“哗”地一下围了上来，告诉我说他们相信我一定能学会。他们开始一边慢慢地摇动绳子，一边不停地指点我，并为我鼓劲。一个女孩说道：“克拉克先生，你不能像马似地跳，应该这么跳。”每个孩子都想把他们自己的技术要领告诉我。很显然，他们现在开始关注我的成功了。一天，我跳入绳中，等着绳子像往常一样抽到我的脸上。但这时，奇迹发生了，我跳进去了！我成功地在两根绳子中间跳着，真是太妙了！这个过程大约持续了 30 秒钟。我一边跳一边高声喊：“我进来了！我进来了！”所有在操场上玩的孩子都跑过来看，他们开始欢呼：“接着来，克拉克先生！继续，克拉克先生！”所有的孩子都像我一样尖叫着。我们的关系从此开始有了戏剧性的进展。

在班上，每当我教孩子们一些有难度的知识，而他们又觉得自己学不会的时候，我都会说：“现在，听我说！你们知道……起初，我也认为自己学不会双绳跳，但是你们信任我、支持我，最终我做到了。现在，你们认为你们完不成这项任务，但是我信任你们。我站在这儿就是要告诉你们，我对你们的能力充满信心，我知道你们会成功的。”这些话对孩子们非常有用。他们经常跟别人说：“克拉克先生在我们需要他的时候会支持我们，在他需要我们的时候，我们也会支持他，因为他确实有需要我们的时候，我们也能教他一些东西呢。”创造这样一种每个人都能相互支持、对别人的想法和能力表示欣赏的氛围，能将一个班级或是其他任何一个需要团队协作的地方改造成完全不同的世界。

5 满招损，谦受益

> 假如你赢了，或把事件做得挺漂亮，千万别吹牛；如果输了，也别把不高兴写在脸上。相反，你应该说：“这场比赛真过瘾，我还想接着跟你玩儿。”或说：“赛得不错！”要不干脆什么都别说。若表现出不愉快的情绪或挖苦别人，比如说：“你打得实在不怎么样，我根本就没好好和你比！”这样的话只能显示出你的心虚。

如果你擅长做什么事，别人一定能看在眼里，不用你跟别人吹嘘你多有天分。一旦自吹自擂，效果会适得其反。别人除了注意到你在吹牛以外，根本就忽略了你真的擅长什么。这一点很多人意识不到，原因是我们生活在这样一种环境中——每个人都想充分展示自己的才艺和能力。我曾经是一个狂热的追星族，崇拜的对象是一位影视明星兼主持人。我觉得他是一个特别的天才，我非常欣赏他的作品。但是后来，每次我在电视上看到他或在杂志上读到有关他的内容，他都是一副趾高气扬的样子。他竟然告诉人们，在当今在世的演员中，他是最伟大的。他太令我失望了，以至于后来任何与他有关联的东西，我都不会花钱去买了。令人遗憾的是，每个人都知道他是个天才，他根本没必要自我吹捧。

我不想让这类事发生在我的学生们身上，不论程度轻重。不管他们能力如何，我都希望他们保持自信，并不失谦逊。在北卡罗来纳州，每年我都组织我的学生们参加篮球竞赛联合会组织的活动。每次赛季结束的时候，学生们都要投票选出本届最优秀的运动员。有一个叫莱蒙德的男孩儿特别优秀，但他总以为有必要提醒别人自己有多棒。然而每次评选的结果都令他生气，因为他总落选。这个奖项通常授予那些更谦虚的运动员，因为他们在比赛时内心真正想的是为团队效力。

我告诉我的学生，要想让人们不去自我感觉良好、不夸耀自己的能力有时是很难的。但是如果可能的话，让别人意识到你的能力要比自夸强得多。莱蒙德不需要告诉别人他篮球打得有多棒，这是很容易被别人看到的事实。他只需要做一件事，就是把全部心思放在打球上，让他的表现来说话。这就是我想传达给我的学生们的思想。

我用了很长时间和我的学生们谈论的另一个问题是：怎样失败得体面。最令我生气的情景之一，就是一个人在输了的时候说"我没好好比"，或"我是故意让你的"。

我爸爸罗尼·克拉克，擅长玩你能想得到的各种类型的游戏：飞镖、桌球、套圈、纸牌等。他跟我玩儿，每次几乎都是他赢，但他也确实失过手。在我拼死抵抗赢了他之后，他总会这么说："哈，我是故意让你的！"或说："难道你没意识到吗，我在有意让你赢！"他的这些话几乎能把我逼疯了。在经历了无数的挫折和失望之后，现在无论在我们家里还是在我们班上，大家都遵守一个共同的规则，那就是：任何一场比赛，我们都必须竭尽全力，输了就是输了，别为自己找台阶。从此以后，情况就变得好多了，大家在玩儿的时候都感到更加轻松有趣了。最后,我们逐渐达成了一项共识:谁输谁赢都没关系，因为大家都尽力了。无论比赛的最终结果是什么，我们大家都因为尽了力而感到高兴。

“哈，我是故意让你的！”

6 主动询问表关心

与人交谈的过程中，如果别人问你一个问题，你就应该回问对方一个问题。如果有人问 :“周末过得怎么样？”你应该先回答，然后再回问一句。下面作个示范。

我问 :“周末过得怎么样？”

你答 :“不错！我们全家逛商店去了。你怎么样？周末过得好吗？”

这是个礼貌问题，你要向别人表示：像他们对你感兴趣一样，你也对他们感兴趣。

掌握这个细节只需一会儿工夫，但事实上，我遇到的很多成年人至今也没有掌握它。而且我认为他们永远也不会照此去做的。我告诉我的学生，与别人谈话时，应该确保不只是他自己一个人在说话。我们都遇到过这样的人 : 说话时嘴巴永远停不下来，我可不想让我的学生成为这样的人。我努力让孩子们理解，如果他们多问别人一些问题，让别人也谈谈他们的想法、观点什么的，那么他们在别人的眼中就会显得更讨人喜欢和更值得尊重。这是个简单易行的办法，可以让人们知道你对他们是谁、是怎样一个人很感兴趣。

学生们走进教室时，我通常会说些诸如“早上好，特里，周末过得怎么样？”之类的话。他会回答：“好极了，克拉克先生，我和我的表兄们去了海边。”然后特里就跑回他自己的座位上去了，这时候，我就会喊这个孩子回来，并告诉他：“嘿，我刚才是表示对你的周末过得如何感兴趣，你要给我一个同样礼貌的反馈呀。可你转身跑回自己的座位了。来，再试一遍！特里，周末过得怎么样？”这时，特里就会回答：“好极了，克拉克先生，我和我的表兄们去了海边。您的周末过得怎么样？”对小孩子来说，反复地训练他们的过程并不轻松，但结果是值得的。

参加面试时，主动提些问题也是个很管用的法子。我在哈莱姆学校的学生希望进曼哈顿东区一所教学质量比较好的高中学习。当他们去参加面试时，主考官问他们最喜欢的作家是谁，很多孩子回来后告诉我，他们回答完这个问题后反问主考官：“您最喜欢读谁的作品？”这句反问表明这个孩子比其他孩子有更高的认知水平，也表明这个孩子能意识到别人也有个人爱好，例如读书等。这不仅适用于面试，而且适用于与他人的谈话中。

这个细节就是让人们知道，你对他们也同样感兴趣。只要你做到了，就一定能看到效果。我第一次参加工作是在北卡罗来纳州的斯诺登小学教书。我当时花了很多时间和同学们谈论他们感兴趣的话题。我询问他们的好恶，以及他们喜欢做什么有趣的事。我当时的目的是想让他们知道，我想了解他们，而不只是教他们课本上的那点知识。

我还记得我在那里教书的第一年，我的学生里有一个叫詹森的。一个周末，他要在他祖父的裁缝店里举办生日庆祝会。詹森邀请了我，同时也邀请了学校里其他所有的老师。我问了一圈，没有老师要去参加，但是我告诉詹森我要去。于是詹森和他的同学们每隔 5 分钟就来问我一次是不是真的去。我跟那帮孩子发誓我星期六一定去，我也确信他们不希望我半路开溜。当我出现在裁缝铺里的时候，所有的孩子像潮水一样涌过来把我团团围住，好像过生日的人是我！我们做捉人游戏、捉迷藏，玩得特别尽兴。那天，我和学生们的关系大大拉近了，他们也开始信任我了。

到了星期一，当我要求孩子们坐好了注意听讲时，我从他们的眼神中看出了变化。他们很尊重我，也更听话了。

对别人表示感兴趣有很多种方式。你可以当一名积极的听众，可以成为一个不掺杂任何个人好恶的谈话对象，也可以用特别的方式向别人表达你的关心，而你所做的一切最终一定会奏效的。

7 打喷嚏时捂住嘴

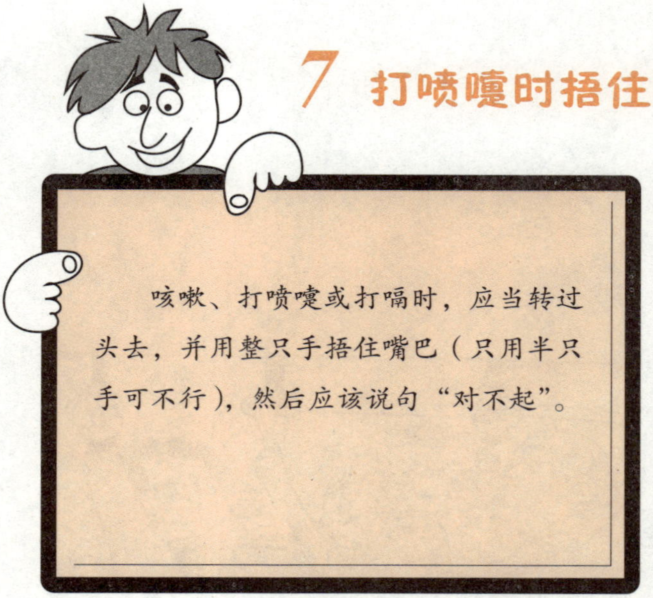

这看起来似乎太简单了，但令人吃惊的是，很多大人都没有这样教导过孩子。在现实生活中我也注意到，很多成年人在公共场合咳嗽、打喷嚏时也不用手捂嘴。在冬天和流行性感冒盛行期间，乘坐纽约的地铁是最让我痛恨的事，因为经常会有人站在我的背后，对着我的脖子咳嗽、打喷嚏。有一次，我看到一位女士的喷嚏打到了一位站在她旁边、比她矮的女士身上，就像一部慢动作的商业广告片——唾沫星子连同她的鼻子、嘴巴里呼出来的热气形成了一层云，笼罩着她的脸，又像层毛毯糊住了那个矮一点的女士。我当时暗想：“真万幸！没弄到我身上，这人正得流感呢。”

我告诉孩子们，还有一件重要的事，就是用手捂着嘴巴咳嗽、打喷嚏之后，应该马上洗手，否则就会把病菌传播给这只手碰到

“啊……嚏！”

的人或东西。

为了帮助孩子们记住这个细节，我给他们讲了一个古老的传说。魔鬼的灵魂会趁你打喷嚏的时候钻进你的身体里，如果你没有把嘴捂住，鬼魂就会从嘴里进去，你要是捂住嘴，鬼魂就会被挡在外边。当别人打喷嚏时，我们会说："上帝保佑你！"德语为"Gesundheit"，意即"祝你健康"。两种表达方式的意思都是：如果你没有及时地捂住嘴，鬼魂就能钻进你的身体里。孩子喜欢对各种问题刨根问底，这样讲能帮他们主动注意这个细节。

8 不良姿态惹人厌

不要撇嘴并同时发出“嗤”的声音，不要翻白眼，也不要表现出任何不尊重别人的态度。

这条规矩让我们节省了多少时间，避免了多少麻烦啊。我猜，在美国，大概没有一个人没被别人撇过嘴、翻过白眼的。小孩——尤其是十几岁的孩子——都喜欢这样，但是我能让它在我们班消失。我告诉学生们这是个缺点，并给他们立了个规矩，然后我们班就杜绝了这种现象。到学校的第一天，我问班里有谁会撇嘴、翻白眼，有很多学生愿意表演。我让有的学生表演撇嘴，有的学生表演边翻白眼边上下打量别人，然后我再让他们把两个动作合起来做，全班几乎同时在表演，当时的情景有趣极了！我还找了几个做得特别专业的孩子，表演梗脖子、打榧子。我对孩子们说，所有这些表现构成了对别人的不尊重。我告诉他们，这么做有时还会招致更严重的后果呢！保不准你还一个字没说，却已经惹麻烦上身了。

这次讨论之后，我们还进行了实景演练。我告诉一个学生，当我训斥她上课不专心听讲之后，她就应该撇嘴、翻白眼，然后我会让她把自己的名字写在黑板上。我们大伙儿一起做这个练习。于是每个学生都明白了，为什么她的名字上了黑板。

演练的这一周过得不错。一周以后我注意到，当一个孩子撇嘴、翻白眼，而我让他把名字写在黑板上时，我也没听到什么表示不满的言辞。要是从前，如果一个孩子因为撇嘴、翻白眼受到惩罚，他肯定会像汽油浇进了火中一样，把嘴撇得更厉害，脖子也开始梗得前后摇晃起来，简直像挣脱桎梏、从地狱里跑出来的魔鬼。我要让孩子们知道，在我们班，轻微的撇嘴、翻白眼都要受到惩罚，我坚持这么做。

在哈莱姆，有一个女孩名叫莎米萨，她就爱撇嘴、翻白眼。如果为了什么事她不得不把自己的名字写在黑板上，她嘴里马上就会冒出“嗤”的一声，好像自然而然的无意识行为，她根本就不知道自己做了什么。这个时候我就会说：“哎，在你的名字上再加上个钩。”这时，另一个“嗤”又冒了出来，那么放学后她就要被留下来了。但即便如此，她也没生过气，因为她知道自己违反了纪律，她也清楚自己不应该那样做。

我第一年教书的时候教过一个小女孩儿，叫安托肯娜，她可是个厉害角色。她总把头发笔直地梳上去，在头顶挽个髻，她的眼睛就像核桃那么大。她在我们班个头最矮，但却有一种令人敬畏的气度，其他所有的同学都怕她，可能有些老师也怕她。她是个非常麻烦的小东西，其显著特点就是爱撇嘴巴、翻白眼。当时我对付孩子还是个新手，因此当她对我撇嘴、翻白眼时，我对她所做的唯一一件事就是：我用手把我所有的头发捋到头顶，像鱼一样噘着嘴唇，然后马上对着她翻白眼。也许这并非解决问题的最好办法，但安托肯娜当时确实像石头一样地定住了，我也确实吸引了她的注意力。她呆呆地看了我一分钟，然后我笑了，她也笑了，接着我们就一起大笑起来。对付像安托肯娜这样的孩子，有时需要采取一些非常规的做法，先引起他们注意，然后再让他们照事先规定的要求去做。模仿这一招儿居然真的见效了，安托肯娜再也没有对我撇过嘴、翻过白眼。她大概意识到了，如果她再敢这样和我打交道的话，我会马上还击她的。

尽管这个法子对安托肯娜有效，但显然不是解决此类问题的最好办法。要让孩子们知道大人们对他们的姿势和态度的要求是什么，让他们知道应该尽量减少不良行为的发生频率，这才是让他们改正现有不良行为的最好办法。

9 “谢谢”传递好心情

我递给你东西的时候，你要说“谢谢”。如果你在接东西的三秒钟内没说，那我就把东西拿回来。既然你不尊重我，我也没有必要对你客气。

我个人认为这一点很重要。记不清有多少次了，只要学生们没对我表示感谢，我就把东西从他们手中拿走。刚开始的时候，我把午餐或作业递给学生们时，他们忘了对我说“谢谢”，我就把东西拿回来，这种做法让他们很吃惊。我把东西拿回来时，他们还以为我在开玩笑。我会等几秒钟，再给他们一次机会。为了让这条规矩成为习惯，我必须强制推行，有时阻力确实很大。在一次社会学测验中，一名学生和其他四名学生都考了最高分，奖品是书。那个女孩儿接到书的时候，高兴得跳了起来，班上其他的孩子立即指出她忘了说“谢谢”。于是我不得不把书从她的手上拿走。我当时心里很难过。可我既然定下了这条规矩，就不能出尔反尔，我不得不提醒自己要坚持。孩子们在这点上是理解我的，当我把东西从他们手上拿走的时候，他们几乎没有抱怨过我。他们知道这是一条规矩，我从它生效的第一天起就明确了这种做法的意义。

我最近和北卡罗来纳州一所高中的一位 12 年级老师聊过一次，她走过来对我说她一直想见我。她说，每当她给学生发奖品时，一群男生总要说声“谢谢”。有一天，她问他们为什么这么有礼貌时，他们告诉她，这是他们五年级时的老师给他们立下的规矩。一个男孩儿曾回忆说，在他上五年级的时候，有一天，他得到了一根棒棒糖作为奖励。正当他满怀欣喜地刚要把糖放进嘴里时，克拉克先生就抢走了，因为他当时没说“谢谢”。然后克拉克先生就把棒棒糖放进自己的嘴里，咧着嘴，高兴地接着讲课去了。这件事留给他的印象非常深刻，他发誓以后再也不忘记说“谢谢”了。

在我的日常生活中，我总是尽量感谢与我打交道的所有人，包括售货员、服务员、为我开门的人、帮过我的朋友，或为我做了事情的任何人，不论大事还是小事。在哈莱姆的学校里，管理员经常在晚上换班的时候打扫宿舍。我每次走进我那整洁如新的房间时，都会有一种愉快的惊奇感，我会为他打扫得如此干净而感谢他好几遍。他总说这是他分内的工作，不值一提。但我敢说，他很在意这份赞赏，因为我发现我的房间被打扫得更勤了。

在纽约的时候，我每天乘地铁上班。每个星期一早晨对我来说都意味着要排长队买地铁票。在地铁站卖票的那位女士，嘴噘着活像含着一只柠檬。我很头疼每周早晨必须做的第一件事就是和她打交道。她永远不对任何人讲一个字，总是带着她那一脸怪相收钱，然后把票推给顾客。好吧，我打算让她对我好点。每周一早上我都对她说“早上好”，离开前说“谢谢你”，从不间断，但也从来没有得到过回应。我有时特想说：“对不起，你难道没有意识到你是世界上最没有礼貌的人吗？”几个星期后的一天，当

“哈，这是我的啦！”

我说了“谢谢你”之后,她回答说“不客气”。我简直快晕过去了!我当时已经离开了,排在我后边的人也走到了窗口,但我还是又跳了回来,问道:“你刚才说什么?”她吃惊地看着我,然后面带微笑对我说:“不客气。”从此以后,我每周一早上的地铁经历充满了快乐。

好了,试试吧,你也一定能像我星期一早上在地铁里那样,充满了快乐!

10 开开心心收礼物

接受别人的礼物时，永远不要对这件礼物说三道四，或暗示你不喜欢，以至于让送你礼物的人难堪。

有一个月，我带领我们班所有学习好的同学一起去夏洛特·霍内茨省观看篮球赛。他们住在宾馆里，不仅能见到运动员，还参加了比赛期间的一个狂欢活动。第二个月，为了奖励这些最好的学生，我又组织了一场活动，准备领他们去附近的一个保龄球馆。这次活动显然和上次的没法比，所以无法引起这些学生的兴趣。他们将这两次活动比来比去、品头论足。他们的这种做法伤害了我的感情，因为绝大多数老师根本就不带他们的学生出去玩儿，而我带他们去玩儿了，他们还嫌这次活动不怎么样！为了给他们点教训，我取消了这次活动，也没给他们其他奖励。取消这次活动表面看起来似乎有点残忍，但它确实是个有效的办法，可以把我要表达的想法传达给了这些不懂得领情的学生。至于为什么被惩罚，我想他们会永远记着的。

送别人一件礼物，可受礼人却不喜欢，这样的事确实让人感到郁闷。假如有人说我的小外甥奥斯汀不太有礼貌，我一点儿也不会觉得奇怪。他是我姐姐和姐夫从乌克兰领养来的。刚被领来的时候，他只有四岁，觉得什么东西都好。别人送他一件礼物，他会小心地把包装纸一点一点地掀开，然后轻轻地打开盒子看礼物。他的脸上总是泛着兴奋的光彩，不论盒子里是什么东西：袜子也好，书也好，衬衫也好，他都会把礼物紧紧地抱在胸前。现在，他已经来了一年多了，情况却发生了很大变化。如今，他收到礼物的时候总把包装纸用力扯开并扔在一边。（当然，对他的这个行为我不想加以指责，倒觉得挺好玩儿的。）我经常送他礼物，最近我常送他衣服。当看到里面的礼物是衣服时，他就会皱着眉头，拖长声音叫道：“罗恩舅舅……”好像我在送礼物方面应该有点创意，而不要总买这些招他讨厌的东西。我猜所有的孩子都会有这种感觉。但不论谁送他们什么礼物或给他们什么奖励，都不能对对方没有礼貌，重要的一点是教他们不能用这种方式表达。我现在正在对奥斯汀做这项工作，但是以他目前的年龄，还要再多做一些练习。他现在会说“罗恩舅舅，我很喜欢这件礼物”了。瞧，他正在学呢！

11 制造惊喜添情趣

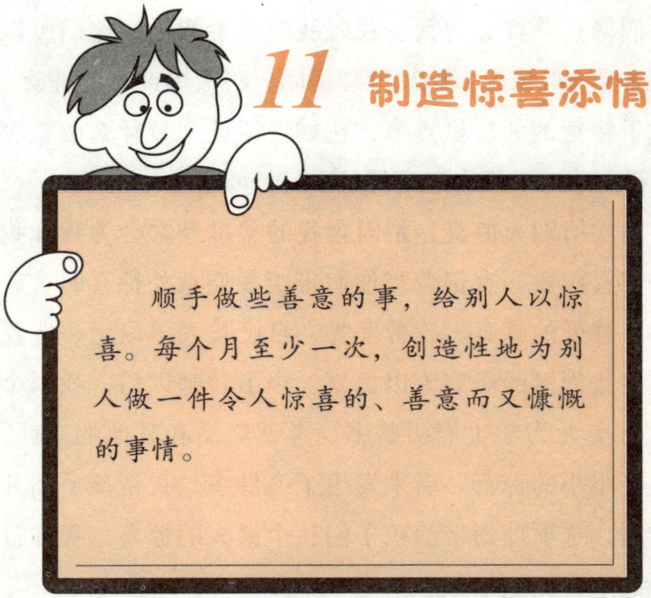

顺手做些善意的事，给别人以惊喜。每个月至少一次，创造性地为别人做一件令人惊喜的、善意而又慷慨的事情。

所有的孩子都喜欢这一条，因为它听上去就是个真正的好主意，而且，这其中一定包含着很多乐趣。但问题在于，它的实施难度比较大。在日常生活中，我们总是特别忙，时间都被预先安排好了，根本就没空儿坐下来想想怎么给别人制造点惊喜。除非是什么人的生日，或者某一个特殊的事件，人们往往认为没有必要一反常态地为别人制造什么惊喜。我觉得给别人一个惊喜的最佳时机，就是在人们根本没有想到会有什么惊喜降临的时候。这样人们就会知道，你做这件事不是出于义务，也不是迫不得已，而是发自内心的。

我所说的这种惊喜要远远超出送给别人一件礼物。这种惊喜需要花更多的心思。举个例子吧，你可以找个时间在你的办公室里准备一顿午餐，包括沙拉、主菜和甜点，在餐桌上摆些鲜花，放上一段轻松的背景音乐，然后邀请公司的勤杂人员来坐坐，歇一会儿，并享用你为他们准备的美味午餐。或者，你的邻居上班去了，你为他们修剪草坪和树篱。我跟我的学生们说，他们可以在别人没有提出要求的情况下整理整理房间、吸吸尘或者洗洗碗；他们可以为上了年纪的邻居做点事，比如说读读文章什么的，也可以送别人鲜花。总之，机会遍地都是。

我之所以喜欢给别人惊喜，是因为我的父母经常会为我和我姐姐安排一些惊喜。我一直记着当他们带给我们意外惊喜时，我的那种特别的、被爱的感觉。我曾发誓，自己长大了以后一定要像他们一样，给我周围的所有人以惊喜。当了教师以后，我每个月都会花掉几百美元为学生们买些书、考试奖品和其他的东西，孩子们喜欢这些小小的惊喜。后来发生了一件事，我帮孩子们开始实施一项计划，这项计划带给孩子们一个最大的惊喜，我和孩子们的生活从此有了彻底的改变。

这件事情是由我教的一堂关于报纸的课引发的。学生们对分类广告会起什么作用不甚理解，我便决定让他们在报纸上登一个自己的广告，好让他们对这个过程有个直观的了解。为登这条广告，我让每个孩子出 5 美分，因为我想让他们对这份广告都拥有自主权。然后，我让他们商量登什么内容。他们马上就想出要在卖车的广告栏登一个卖车的广告，但我随即提醒他们："我们可没车卖呀！"最后，我们决定在报纸上登一条地理方面的谜语，并要求读者将答案寄回给我们。我们的第一个问题是："世界上最大的岛屿是哪个？如果你知道答案，请给我们班回信。"我们附上了地址，然后就焦急地等着回信了。令我们吃惊的是，这个地区居然有十个人给我们回了信，孩子们十分高兴。因为没有一个正确答案，他们给每个人回了信，并告诉他们正确答案是格陵兰岛。

这些来信令孩子们特别兴奋，于是我们决定在全州范围的报纸上再登点谜语。这项计划与课堂上讲的分类广告的问题几乎没什么关系了，更主要的是让学生们从给我们回信的人身上学到更多的知识、了解到更多的事情。为了得到更多的反馈，我们做了一条横幅，把谜语写上去，并让大家给我们学校回信。然后我们就打着这条横幅上街游行了。我们还在超市散发传单，甚至在广播里播谜语的广告。不久，我们从全州的各个地方收到了几十封来信，有医生的、律师的，有养阿拉伯马的农场主的，各行各业的人都有。我的学生身在一个只有 600 人的小镇，现在他们终于可以了解到我们镇之外的生活了。这件事的意义就在于，对于那些几乎没有什么生活经验的孩子们来说，这是一次了解他们生活环境以外的世界的机会。

正当孩子们全身心地投入到这个创意之中的时候，有一天，一个叫卢克的孩子对我说道："嘿，克拉克先生，我们能不能把这个创意带到全世界去？"他的意思是，我们应该把谜语登在一份全世界发行的报纸上。我觉得这是个好主意，于是我让卢克到我的办公室给《今日美国》打个电话，询问一下刊发一个 10×13 厘米广告的费用是多少。有一个问题一直困扰着我，那就是，每当我往学生们家里打电话的时候，总会发现他们接电话不得要领，所以我就让孩子们尽可能多地和我通电话，让他们多练习。我确信卢克知道我想让他在电话中问什么，也会把我想知道的内容打听清楚。于是，我们在全班同学面前彩排了一遍，他就打电话去了。卢克终于回来了，他两手叉腰，用他那浓重的、故意拖长了声的南方口音通知我道："克拉克先生，你最好坐下来。"他接着告诉我，登广告的费用是 1.2 万美元。起初我根本就不相信，放学以后，我自己又打电话证实了一下。卢克说的没错。我真是大吃一惊，只在报纸上登一天的一个小广告，怎么会那么贵！

邀请公司的勤杂人员共进午餐

11 制造惊喜添情趣

和孩子们多次讨论之后，我告诉他们：我们要想筹集到这么多钱是不可能的了。可这些学生无论如何不想就这么轻易地放弃，他们请求我让他们再试试。不久，我们开始了筹措所需资金的活动。我告诉他们，为了这笔钱，只要他们愿意做的事，我都会奉陪的，像卖面包、卖糖等，洗车除外，因为我最讨厌洗车。可那个星期六我们还是洗车去了。

几周之后，我们挣到的钱仍与所需的相差甚远。此时，我接到从《今日美国》打来的一个电话。一个叫琼·芭拉罗图的编辑告诉我，有个人从电视上看到我们筹钱的事，就想赠给我们登广告所需的1.2万美元。我马上问这个人的名字，编辑告诉我，这个人只想让人们管他叫圣诞老人。还有三个星期就到圣诞节了，看来管他叫“慷慨的捐助人”好像更合适些。我一路疾跑着回到班里，将有人为我们的广告捐款的消息告诉了孩子们。他们欢呼的声音几乎变成了尖叫。然后他们问：“谁给我们的钱？”我微笑着答道：“圣诞老人。”卢克怀疑地看着我说：“克拉克先生，我父母没有那么多钱呀[1]。”

我们最后敲定了广告的内容。

克林顿总统和所有在地球上生存的人们请注意：

每年，是什么夺去了比艾滋病、酗酒、交通事故、谋杀、吸毒和火灾死亡人数的总和还要多的生命？

谜底是吸烟。孩子们想出的这条广告让我有点担心，因为我们州就生产很多烟草，我可不想惹谁跟我们急。我就此提醒了孩子们，一个叫卡米拉的女孩儿对我说：“克拉克先生，我们是这个州的，但并不意味着我们不能有我们自己的看法。”她说到点子上了。

---

1 西方国家，常常由父母替“圣诞老人”给孩子准备圣诞礼物，所以天真的孩子会把“圣诞老人”当成父母的代名词。——编者注

我们在广告上登出了我们的通信地址和传真号码，然后就开始焦急地等待反馈了。遗憾的是，我们是一所乡镇学校，那时我们既没有电子邮箱，也没有网址。广告登出去的那一天，我手上连张报纸都没有，因为《今日美国》在乡村地区不发行。广告的效果可谓立竿见影。那天我还没到学校，传真机就已经收到一百多封来信了。我刚把车开进学校的停车场，我的一个平时性情很温和的同事芭芭拉·琼斯就站在停车场里，一边高兴地蹦跳着一边冲我喊道："克拉克先生，克拉克先生，快去办公室！快下车，我来给你停车！"我跑进办公室，拿起来的第一封信就是加拿大总理写来的，还有来自"老友记"剧组的演员的、来自运动队的、来自印度孟买的医生们的，总之，你能想到的都有。

学生们到校后，把办公室都挤满了。广播电台正在对全国播放着我们的广告，并希望听众给我们打电话回答问题。广播中说，给我们打电话就能得到正确答案，因此，孩子们守着三条电话线回答成千上万听众的来电。我把孩子们叫出来，在大厅里接受了电视台记者的采访。从世界各地发来的传真一直不断，孩子们高兴地跳着，恨不得冲到房顶上去，就差把房顶给掀了。到了放学的时候，我们意识到这台传真机要整夜不停地运转了，如果没有人守着这台机器并给它换纸，我们就会损失很多来信，于是我决定住在办公室里。传真一整夜都没有间断过。大约凌晨 3 点的时候，我收到一份传真，上面写着："克拉克先生，请给我们打电话。"后边附着一个电话号码。我打过去，那儿是一个赌场，他们已经将我们的问题张贴出去，并且在为正确答案打赌。他们给我打电话是想让我告诉他们正确答案，他们好给猜对了的人付钱。真是太疯狂了！

向不同的人学习并听听他们对问题的回答是件特别有趣的事。下面是我们收到的比较多的和有意思的答复：饥饿、枪支、摔倒在浴缸里、詹姆斯·邦德、爱、心脏病、流产、老龄化、焦虑、无知、五年级、时间、贪婪、流言飞语、手指头上的倒刺、迷惑等。

最后，我们从世界各地收到了 7 000 多封来信和包裹。我们在广告中曾保证给每个人回信，因此，孩子们所有的放学以后的时间，包括周末、节假日，都用来写回信了，为了让每一个人都知道正确的答案——吸烟。

学生们在当地成了名人，上了全国的新闻联播，还上了全州报纸的头版。这个计划带给孩子们太多的兴奋。每天来上学的时候，他们都昂着头，好像整个世界都被他们踩在脚下。

学校的办公室成了我们的临时指挥部和媒体关注的中心。一周之后，我们终于等来了一个一直盼望着的答复：白宫来电，说希拉里 · 克林顿要在星期五的中午 11:45 给我们打电话，并告诉我们总统和她本人的答案。真是太令人高兴了！我们赶紧着手准备，要在周末召开一个新闻发布会，让全区的人都来参加这次电话对话。

那一天，我们在图书馆里坐好，政界领袖、企业家、学生家长和亲朋好友都来了，每个人都能感受到全社区团结一心的气氛。我们为此都买了新衣服，好让孩子们穿上节日盛装，把他们最漂亮的形象展现出来。我和全班同学坐在图书馆中央，离我们的脸几米远，就有几十部相机和几十位媒体记者围着我们。我看着钟……11:43，我再看……11:44……我忽然想："假如这位女士不打电话来呢？"这时，电话铃声响了。

本来就很安静的图书馆，变得异常安静。因为我们想听清电话里的每一个词，所以连大气也不敢出。本来预计 15 分钟的通话时间延长到了 45 分钟。克林顿夫人和每个孩子都单独通了话，她还就我们提出的问题和我们讨论了有关健康的话题。在电话对话快结束的时候，克林顿夫人说："你们知道吗，现在我手里就拿着总统和我给你们班的回信，我们的答案就在上边。我们会寄给你们的，但这是以我们个人名义给你们的回信。”通话结束后，我宣布了一个决定，它震惊了在座的每个人。

其实这一周我已经和白宫通过电话了，他们安排孩子们下周到白宫去见第一家庭。这将是学生们的人生中一件具有转折意义的大事，因为大部分孩子还从未离开过这个州呢。我们刚刚接到白宫邀请的时候，校长不让我把这次旅行向大家公布，除非每个学生的旅费都有了着落。我们都清楚，这着实要费不少劲。我马上和我们学校的校秘书奥斯汀太太一起，给我们能想起来的所有商业机构打电话请求援助。很快我发现，不论我打电话给谁，他们都会对帮助孩子们的这类事很感兴趣，并愿意尽他们所能。无论我在哪儿教书，都发现这是条真理。各种团体都愿意帮助教师，只要你能让他们觉得你在努力工作，你有充分的理由让他们认识到，他们的贡献会带来多么巨大的变化。

非常幸运的是，几天之内，我们所需的全部费用就从地方企业主那里筹措到了。所有的人都同意保密，等到新闻发布会上再宣布这个消息。

通话结束后，我要宣布克林顿夫人邀请我们去白宫的消息了。我激动得抑制不住自己的泪水，大声说：“孩子们，你们看，坐在你们周围的咱们社区的这些企业界领袖们，他们为我们班提供了一大笔资助。下周，咱们班所有的人都要去华盛顿特区！！”图书馆里响起了雷鸣般的掌声。我在喊，孩子们和他们的家长在喊，9 频道的桑德拉 · 哈里斯在喊。把这个惊喜送给学生和整个社区的人们的这一刻，也是我一生中最快慰的一刻。我决定继续我的教书生涯，其中最重要的原因就是学生们脸上洋溢的满足、兴奋和赞赏的表情。面对可以对孩子们的一生产生如此重大影响的机会，我怎么能袖手旁观呢？

在宣布时的兴奋心情平静下来之后，我开始为这次旅行作准备。我希望把一切事都安排妥当，打电话订旅馆、画路线图，尽可能面面俱到。完成这样一系列的事确实得费点劲，我广泛采纳了周围人的建议，尽量把所有的细节都想到了。

接下来的一周，我们就踏上了去华盛顿特区的旅途，当然，地方报纸的记者也与我们一同前往。我们参观了国家交响乐团、国会大厦和所有主要的博物馆。在华盛顿的最后一天是去白宫。导游先带着我们参观，当时周围看不到其他人，只有我们。我们被允许随意走动和拍照，就像在自己家里一样。参观的亮点之一是上卫生间，因为每一张卫生纸上都印着白宫的图案。我们离开白宫之后，琼斯太太说："我当时真想拿一卷卫生纸走。"而法罗先生——一位家长——则微笑着从他的包里拎出一卷来。

参观完之后，我们被领到了东室，这里有一棵亮满了灯的圣诞树。随后，克林顿夫妇走了进来，开始和孩子们交谈。克林顿总统为孩子们念了圣诞赞美诗《平安夜》，然后我们大家一起唱圣诞颂歌。在接见期间，克林顿总统几乎一直是膝盖着地地和每一个孩子谈话，而克林顿夫人则一直走来走去地和大人们聊天。当她走到我面前时，她说道："噢，克拉克先生，我从报纸上见到过你。"我答道："噢，克林顿夫人，我从电视上见到过你。"

我和孩子们回到北卡罗来纳州后，他们还不想终止我们这个计划。为了让它存活的时间长一点，我们就整个计划写了一部名为《借助别人的话语探险世界》的书。学生们关于这个计划有太多的感受和记忆。我现在觉得特别幸运的是，我们当时能及时地把我们的感受写下来，并集结成书。我想 20 年后，没准他们中会有人把这本书读给他们的孩子听，我也希望他们能带着美好的心情重温当时的感受。

这样的经历在人的一生之中绝无仅有，但我真是够幸运的，后来，我和我在哈莱姆的学生们又有了一次共同的难忘经历。每年，迪士尼都会举办一次美国最佳教师奖。来纽约市的第二年，我进入了年度最佳教师奖的决赛圈。主办方希望我 11 月份飞往洛杉矶，参加该奖项的最后角逐。我告诉他们，我想带我的学生一起去。他们通知我，他们在资金上帮不了我的忙，但如果我自己能解决的话，他们特别欢迎我带学生去。

我不想让孩子们的希望落空，因此，我不能事先告诉他们我的打算。我走访了纽约市的很多企业，还给那些老板们写了上百封的信。感谢孩子家长的努力，感谢校长助理卡斯蒂略夫人，她为资金的事打了好多天的电话。为寻找赞助商，她做了很多的工作。小笔的资金终于开始进账了。有一天，我接到了一位学生家长米里亚姆·巴斯克斯太太的电话，她告诉我，她所在的律师事务所——莫里森和弗尔斯特事务所，被我要带所有学生去迪士尼的愿望所感动，他们想资助此次旅程必需的、目前尚未筹措到的资金，共计 1.6 万美元！我当时浑身像过电了一样！我当晚便在学校的礼堂召集班上所有的学生和他们的家长，开了个紧急会议。我告诉他们，我们已经有了足够的钱，我可以带几个学生和我一起去参加这个活动。我们要把班上所有学生的名字写在纸上，做成阄，放在玻璃鱼缸里，然后从中抽出三名幸运学生。我对大伙说："你们知道，我下个月要去洛杉矶。我和你们在一起一直都感觉特别愉快，也得到了你们巨大的支持，所以，我希望你们知道，我不想孤身一人去。因为我们得到了赞助，我可以带几个学生和我一起去。今天晚上，我们要在这里决定到底谁能和我同行。你们都看到了，我这里有一只鱼缸，你们的名字都在里边。"我把手伸进鱼缸，开始在纸条堆里来回搅动，我能看见所有的孩子都目不转睛地盯着我。突然，我停下来说道："你们知道吗，其实我没必要在这儿抓阄，因为——孩子们，我们已经筹到了足够多的钱，下个月我们全体都去洛杉矶！！”

这一刻像被电击了一样。我本来以为孩子们会像北卡罗来纳州的学生们一样，脸上洋溢着兴奋的笑容，而事实上，他们的家长由衷地笑了，很多孩子却是先用手捂住脸，然后才开始大声欢呼的。我现在想，当时他们大概是为了缓解一下过度震惊的情绪，才这样做的吧。很显然，这个一生之中仅此一次的旅行机会，对他们来说意味着很多很多。

我知道，每个月都为别人安排这样一个惊喜是不可能的，但是我认为我们应该尽最大的努力，通过给予别人某种惊喜——不论大小——而让他们感受到喜悦，越多越好。我知道，对我而言，教书就是为孩子们制造令他们永生难忘的惊喜和美好瞬间。我想，如果人人都有这种想法的话，我们的世界一定会充满了乐趣。

12 互相判卷守秘密

允许学生们相互之间判卷。给其他同学的试卷判分时，如果比实际分数高了或者低了，高出或低出的分数就将从你本人的试卷中扣除，你只能在错误的地方打个叉，并写上错题的数量。

成年人一般情况下都会通过观察别人的表现来作出判断，并以此来确定自我的位置。我们经常会把这一套用在工作中，不论是在面试、品评同事的时候，还是在选择商业伙伴的时候。通过观察同伴的做法，我们可以了解自己，确定对自我的期望值。评价别人，并且让对方知道你对他们能力的评价是件很难的事，这首先要求你对自己要有足够的自信。在你告诉别人他们的表现哪里对、哪里错之前，你必须先对自己的表现有十足的信心。教给学生如何评价他的同学的表现，训练他们描述反应的技巧，是为他们面对未来的生活作准备。

遗憾的是，现在有些学校规定不允许学生之间相互判卷子，理由是这样做会使那些考得不好的学生很难堪。在没有正确的监督机制和良好的班级气氛的情况下，我同意这种观点。但是，正如我前面说过的，如果你已经创造了一种相互支持的环境，那么在这样的环境中，学生们对别人知道他们的分数就不会有什么不好的感觉。相反，大家都知道彼此的分数，这一点可以激发他们的学习积极性。

首先，让学生们相互判分很节省时间，可以很快地给老师提供结果。然而主要的问题是怕伤害到学生的自尊心。因此，我经常不让孩子们在卷子上署名。每教完一课之后，我都会让孩子们拿出一张纸来，随便问他们 5 ~ 10 个问题，然后让他们把答卷交上来。我马上再把卷子的次序打乱并发回去，这样就没人知道他们手上拿的卷子是谁的了。我给他们答案，然后让全对的举手，丢了 1 分的举手，丢了 2 分的举手，依此类推。这对了解学生对刚学过的课的掌握程度是个立竿见影的好办法。学生之间互判卷子，只要目的端正，任何人都不会感到尴尬。每次我把没有名字的卷子收上来之后，都顺手扔进垃圾桶，因为我需要的反馈已经得到了，没必要再留着它们。

有的时候，如果我想了解每一个孩子的学习情况，我就让他们把自己的名字写在卷子上，交换判卷之后，我让他们根据手中卷子的错题数量举手，然后再交回来。这样做可以避免孩子们因为自己分数低而不得不举手的尴尬。

有的时候，我会让那些判出全对卷子的学生大声报出卷子主人的姓名，以示鼓励。

在决定将写上了名字的试卷让同学们相互判分之前，我认为有两件事需要明确：

其一，告诉学生们，无论你判的是谁的试卷，都要自始至终地保守秘密，也不要和这个同学或者班里任何其他同学一起谈论别人的分数。

其二，判分的时候，同学们不能乱写，只能给错误答案打叉，并在试卷顶端的得分处注明错题的数量。这点非常重要，因为有的孩子会在判卷子的过程中捣捣鬼，在试卷上写上诸如“你这个笨蛋！”或者“脑子进水了吧！”，要么就是“你想什么呢？！”之类的话，这都是我以前遇见过的真事儿。除了不让他们在试卷上乱写以外，还不能让他们更改答案。如果你在核对答案的时候看到有个学生往卷子上写字，你当即就能发现他有问题，因为试卷上只许打叉，不能写上任何其他的内容。

13 全神贯注来读书

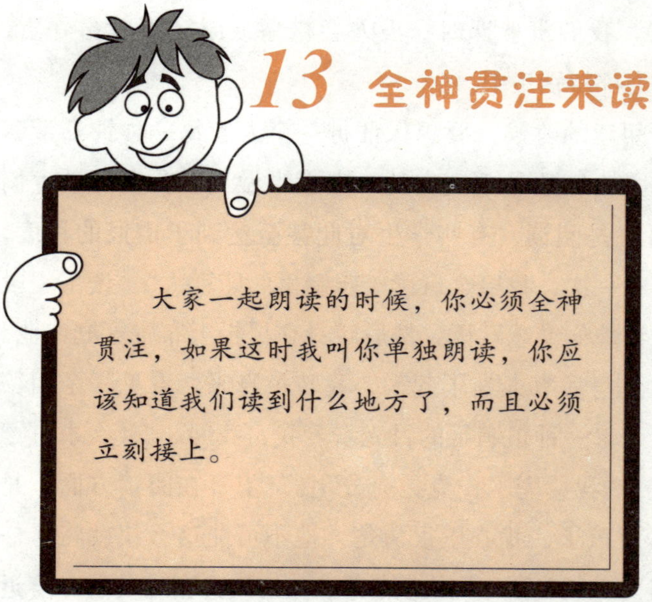

我还记得我当学生的时候大家一起朗读的情景。有时读烦了，我两只眼睛盯着那页书，脑子却开小差去了，从彩票中奖到作为第一个高中生代表被国家宇航局邀请登月等，什么白日梦都做。我能掌握我们正在读的课文的大致要点，但很少注意具体内容，因为这确实提不起我全部的兴趣。

长大以后，我发现自己在参加很多会议的时候仍然会产生出这种厌倦情绪，人虽坐在那儿，思想却神游去了。为了能听进去，我强迫自己积极地参与。我会想些要提问的问题，想点评论或做个笔记什么的。我强迫思想跟着会议走，因为既来之则安之，没有别的更好的办法。其实，我几乎没有机会发言或者提问，但是给自己这么一个随时要提问或发言的压力，我的思想就不会跑到别的地方去了，而是会转得更超前一点，从而能更注意听讲。我试着让我的学生也采用这个法子，学着积极地参与。我试着让他们带着任务去读，一边读课文一边把他们要发表的评论或要提问的内容找出来。我们班上课时，没人会松懈或眼睛朝着窗外看，所有人的注意力都特别集中。

大家一起朗读的时候，要想保证每一个人、每一秒钟都带着任务、集中注意力，这是不现实的，也很难做到。我发现学生们最讨厌的科目就是阅读，有些学生对此甚至达到了憎恨的程度，尤其是默读。有一次，我给全班读《碗橱里的印度人》，读了一段后，我停下来让他们继续默读，然后转身在黑板上布置家庭作业。这时，我感觉到身后有人站了起来，我转过身来，看见一个叫德鲁的小男孩儿带着一种很满足的目光看着我，我问："什么事，德鲁？"他答道："我读完了，克拉克先生。"德鲁在阅读方面不是一个成绩很好的孩子，我心里很清楚，他不可能这么快就将这一课所有的内容读完。我说："你都读完了？！"他咧嘴笑着，凑近我的耳朵说道："对，我把这一页都读完了。"我挑起眉毛看着他，无可奈何地笑着说："你看，德鲁……"他非常尴尬地看着我，"噢噢……对不起，克拉克先生，还得读前一页和后一页。"他赶快跑回了座位。我当时真不忍心告诉他，得把全课读完。

我之所以提到我上高中时做白日梦和德鲁的事，是想说明，带着任务去阅读是个真正行之有效的法子。我的意思是说，你将会拥有一帮因为喜爱阅读而阅读的学生，他们会毫不费劲地集中精力，跟着老师的思维走。我那些惧怕阅读、上阅读课有困难的学生，就是通过在我课上的训练，逐步达到了我的要求的。我们在课堂上阅读的时候，我还有如下几个与这条规矩并用的策略。

策略一

每当给孩子们念书的时候，我都会感情饱满、精力充沛、表现力丰富地去读，我会全身心地进入角色。有时候，我会跳上一个学生的课桌，再跳到另外一张桌子上，用尽力气大叫，或者躺倒在地板上。只要能读得更富有戏剧性，能让学生们进入故事中，任何事情我都能做。我真的能做，你信不信，我模拟过上千种嗓音。有好多次，我刚一读完，孩子们雷鸣般的掌声就响起来了。他们对我将阅读带入生活、让故事更加精彩的努力给予了真诚的赞赏。我的这种阅读风格传给了我的学生们，他们也会带着表情朗读，根据角色需要变换嗓音。这种方法使整个阅读的过程充满了乐趣，同时也告诉孩子们，阅读是一件多么令人着迷的事情。

策略二

我总是选择那些有魔力的、有悬念的、能令人着迷的小说和读物。我选择读物的一个重要标准，就是先问问我自己是不是喜欢读。假如答案是否定的，我就再选别的。我总听孩子们抱怨他们不喜欢阅读，我就告诉他们，那或许是因为他们没选对读物。

策略三

选对读物是第 13 条起作用的关键所在。我想，如果老师选择的读物特别有趣，而且老师在读的时候精力充沛、充满了感情，那么学生们就没有理由不注意听。尽管如此，我还是定了一条规矩——如果我看到哪个学生在我们读书时眼睛没盯着那一页，或者我叫一个学生接着读，他却不知道我们刚才读到哪里了，那么这个学生的名字就会被记在黑板上。刚开始的时候，黑板上总有几个学生的名字，一些学生宁可看我读书时的面部表情，也不去看书上的内容。于是我又花了些时间教他们怎么在脑子里“看”故事。每当我给孩子们读小说的时候，我还会留出一小段时间让他们不用盯着书看。这是为了训练他们的理解力，给他们“看表演“的机会。

阅读时为什么要让孩子们全神贯注呢？首先，当我们阅读时，他们正好能够看到新的词并听到读音，这可以增加他们的词汇量，同时，也可以帮助他们体会文章的抑扬顿挫。最重要的是，在他们阅读的时候，我能够训练他们怎样集中注意力；在他们的脑子跟着课文情节一起走的时候，我能够训练他们的理解能力。

14 回答问题要完整

书面回答问题时，句子要写完整。举个例子，如果问："俄罗斯的首都是哪里？"书面的回答应该是："俄罗斯的首都是莫斯科。"同样，为表示对他人的尊重，你在回答别人问话时，也要用完整的句子，这点很重要。举个例子，如果有人问你："你好吗？"你不能简单地回答："很好。"而应该说："我挺好的，谢谢你。你怎么样？"

这条规矩能帮助孩子们提高书面语言的表达能力，可以帮助他们开发和理顺自己的思维，尤其是当要求某个问题的答案简短而精炼的时候。举个例子："你觉得上学时间增加 45 分钟这一建议能通过吗？"答案往往只是一个简单的"不能"，不会有更多的解释，除非孩子们被训练过，知道有必要进一步完整地回答问题。

我在北卡罗来纳州有一个同事叫芭芭拉·琼斯，尽管她是教数学和自然科学的，但是在结合自己的课程训练学生们的书写能力方面，她确实做得非常好。她带领学生们进行了一次数学旅行，在这次旅行中，他们需要用文字的方式解释清楚一路上遇到的各种问题，以及解决方案。她总是要求他们先复述问题，再用完整的句子回答。这确实是使各学科有机结合的一个好办法。我作为学生的语文教师，对她在训练孩子们写作技巧方面付出的额外努力，也觉得很佩服。

在北卡罗来纳州，每年都有一次五年级的开卷评定考试。考试内容是让学生阅读一段课文，然后就课文内容进行简短阐述。那时候，我的学生们的阅读能力很差，远远低于平均水平。在平时练习作文的时候，我一直让他们遵循下面的方法回答问题。

问题举例：在篮球运动员当中，你认为劳埃德和詹森谁更棒？

第一步，重复问题，并给出你的答案——

在篮球运动员当中，我认为劳埃德更棒。

第二步，给出你这么认为的理由——

我认为劳埃德更棒，是因为决定胜负的那一分是他得的。

第三步，支持你的答案——

他能赢得决定胜负的那一分，说明他在压力面前很镇定，也表明他有必胜的决心。

第四步，复述问题并下结论——

因此，我认为作为一个运动员，劳埃德比詹森要好些。

……

根据上述基本要领，在做了大量的练习之后，学生们就可以写出非常好的答案了。在掌握了这项技巧之后，学生们就可以根据这些要领写出更富有创造性和更为详尽的答案了。他们会按照步骤的要领写出条理分明的答案，这使他们写出的答案棒极了！那些不会阅读的学生也发现这个办法很容易学，并用这个法子取得了进步。

在我教书的第一年里，离开卷考试还有三个星期了，我接手的这个班还有很多不会阅读的孩子只会干坐着，眼睛瞪着卷子却写不出任何东西。我当时心里很难过，唯一能做的事就是微笑地看着他们，嘱咐他们尽自己最大的努力。在这所学校，我教过两次五年级的班，第一年，我们的考试分数是本地区的最后一名。第二年，我决心要让我们班的名次有所提升。我总结出写作的要领，并用了一年的时间，让学生们在所有的学科中都用这个办法练习。最后，考试结果出来了，我们学校所有的五年级学生都通过了考试，而且，我们学校的名次是全地区第一。我甚至让一年级的孩子都通过了这次考试，因为他们学会了复述问题、得出答案、写出支持答案的论据，最后以重复问题并下结论来结尾。

15 不要主动讨奖品

一个学年结束的时候，我会给那些品行好、学习好或其他任何方面值得奖励的孩子发奖品。如果有谁主动跟我要奖品，对不起，我是不会给的。我会特别不客气地问他：你跟我要奖品的行为是一种好行为吗？你表现好，做任何事都尽了最大的努力，那是因为你想让自己变得更好，而不只是为了得到一件奖品。我经常给那些在单元测验中得了100分的学生发奖品。如果某个学生得了100分后跑过来问我能否得到奖品，我从来都不会给他。

在现今的社会中，人们很少因为工作出色而受到奖赏。人们努力工作，是因为他们希望从自己的表现中找到一种满足感，他们这样做或许是因为喜欢自己所做的一切，或许只是为了保住饭碗。尽管我经常给孩子们以奖励，但是我也要为他们今后走向社会作准备。我努力让他们知道，尽力做好每件事不是为了奖品，而是为了他们自己。

我经常给孩子们一些令他们意外的奖品和表扬，但我也发现了一个问题，就是孩子们关注的不是表扬本身，而是奖品。他们会问：“我们下一次的奖品是什么？”有一次，我把判过的试卷发

问我要奖品的结果就是没有奖品

回给他们，一个得了最高分的小女孩儿问我："克拉克先生，有我的奖品吗？"从那一刻开始，我就决定给这类话画个句号。后来我让他们彻底明白了，在任何情况下，他们都不能向我要求任何形式的奖赏。我知道学生们未必真的能从内心里杜绝这种渴望，但我要求他们至少保证在行为上不表现出来。随着时间的推移，我希望他们能理解我为什么要让他们学会给什么奖品就接受什么奖品，而不是盼望和索取，并知道一个人表现好是谁受益，从而让他们彻底改变原先的态度。

即使在我给他们定了这条规矩之后，有时，他们也难免会某根神经一松，重犯老毛病。有一次，因为第二天要进行"独立战争"这一单元的考试，为了奖励那些通过的学生，我头天晚上熬夜为他们赶制了一个巧克力蛋糕。当我把试卷判完并发回去后，奎西达问道："克拉克先生，我们考得好的有奖品吗？"这时，班里静得连根针掉地上都能听得到。满教室的人都瞪大了眼睛，而我的眼睛瞪得最大！我的脸涨得通红，我熬了好几个小时的夜为他们做蛋糕……但是，她问了我之后，我就不能把蛋糕分给他们了。我还是花 5 分钟的时间把蛋糕切好，然后说了句："好了，这个蛋糕确实是为你们做的。"我停了片刻，把一块蛋糕放进嘴里，"但是既然你们问了，那就吃不到了。"我捧着蛋糕穿过大厅，送给了霍普金斯太太，让她分给她那个班的学生吃了。从此以后，我们班再也没有一个人问我要过奖品。像我这么做可不大容易，但是如果这样做能帮助孩子们不再把奖品放在第一位，并最终让他们学会肯定自我奋斗的价值，那就值得一试。

16 完成作业不拖延

作为成年人，我们常常要受最后期限、截止日期和必须准时的约束。我们得在某个日子前付清账单，还得又快又好地完成任务。我在跟学生们谈到他们的作业和对他们的要求时，会尽量把这个道理讲给他们听，那就是：作业是学生的工作的一部分。我想让他们从小就成为准时的行家里手。

我采用了一个办法，就是让所有学生每天必须将所有作业都交上来，以此来对他们进行训练。这个任务听上去几乎没法完成，对吧？不，那可不一定。如果方法得当的话，班里的每个孩子都能完成全部的作业，并准时交上来，但确实要费点劲。为了达到这种效果，我做了三件事。

第一，如果有谁没有完成家庭作业，他就要被留堂，放学以后不准走，必须在学校多待一小时，第二天还要多做作业。这个办法很有效，但不能只靠惩罚这一招。如果只会惩罚，你就看不到什么好的效果了。

第二，做一条家庭作业记录的横幅。我在教室外贴了一条巨大的横幅，上边记录着全班同学连续完成全部家庭作业的天数。我在上面简单地写着：

全班所有同学连续完成全部家庭作业___天。

每天检查完每个孩子的家庭作业之后，我就去修改天数。孩子们喜欢这种方法，这对他们是个正面的刺激。连续完成的前十天里，他们没有得到任何奖励。十天之后，他们依旧每天完成所有作业，于是我就会在晚上为他们做点吃的，第二天中午吃饭的时候发给他们。举个例子，第 11 天我做的是小甜饼，第 12 天可能就是杏仁巧克力饼。你也许心里在嘀咕："天哪！这个疯子居然每天晚上为那些孩子做饭！"但我却看到了这样的结果：我使我们班的每个学生都下定决心，不折不扣地完成每一项作业。（顺便说一句，我给孩子们留的家庭作业相当多。）而我不得不做的所有事情，就是把一个盒子里混合好的原料倒到一个碗里，放进烤箱烤熟，再拿出来切成块，然后带到学校里去。这和全班取得的令人如此愉快的成果相比，实在是件微不足道的小事。我们保持的最长纪录是 62 天。那年，我简直成厨爷了。我在哈莱姆的第一年里，那些孩子的家庭作业由最初只完成 30% 逐渐变成了 100% 的完成，他们的期末考试成绩也仿佛坐了火箭般直线上升。我很清楚，成绩提高的一个重要的原因，就是他们都很勤奋，总是坚持完成家庭作业。

第三，我充分利用了同学之间的压力。你可以想象一下，因为一个学生忘了做家庭作业而害得全班不得不跟着回到“连续 0 天”，那将会在班里引起多么大的震动。事实上，我从来没斥责过破坏记录的孩子。中断记录这个压力本身就足够他受的了。我会根据每个孩子的承受能力，让其他孩子给他施加不同分量的压力。

就说雅龙吧。他破坏了记录以后，还是一副满不在乎的样子。他一点责任心都没有，好像全班的努力被破坏掉了跟他毫无关系。好，那就看全班同学怎样重重地刺激刺激他吧。我看见他们用眼睛瞪他，在午餐的时候责备他，我还看见他们提醒他当天留了什么家庭作业……对此我只字未提，但我知道他一定受到触动了。最后，这件事确实把他教育好了。

再说说艾莉森。来自全班同学的议论令她很苦恼，而且事实上已经产生了负面的影响。她说她完不成家庭作业的原因是班里每个人都在打扰她。于是我告诉全班同学，在艾莉森做作业的时候不要打扰她，如果他们对她没完没了地说话，她就没办法写作业了。让她清静点儿，她完成作业的速度会大大提高的。

最后说说阿卜杜拉，她是全班最好的学生。她非常在意同学们对她的看法，而且在任何情况下都不愿意让我失望。她是个学习最努力、很可爱的学生。然而就是她破坏了我们保持了 62 天的记录。当我站在她的课桌前检查她是否完成作业的时候，她满脸都是泪。这是一次失误，是任何人都可能出现的失误。因为阿卜杜拉负责照料她的弟妹们上学，她在匆匆忙忙离开家的时候把作业忘在了床边的桌子上。我马上明白她是忘带作业了，于是我走到教室前方，说道：“同学们，我们需要说件事。你们大家都知道，阿卜杜拉是咱们班学习最认真、最勤奋的学生之一，她为咱们班取得连续 62 天的好成绩尽了她最大的努力。尽管我们 62 天的记录到今天结束了，但我想，作为一个集体，我们需要给我们自己和阿卜杜拉一阵掌声，因为，我敢打赌，今年在全国没有一个班能连续 62 天完成家庭作业。我们应该为此而感到自豪。”当然了，我没有对阿卜杜拉实行任何惩罚，也不需要。采取什么样的奖惩措施，更多地取决于这个孩子本身。

17 行动迅速效率高

上课的时候，从一个科目换到另一个科目时，换学习用具等各种动作要迅速、安静和有秩序。我们在完成换书、换作业本和其他行动时，动作应该连贯、不间断，要尽可能地快。完成所有动作所需要的时间在 10 秒之内较为合适，而我们的目标是力争在 7 秒之内全部完成。

在日常生活中，会有各种各样的任务需要我们在一天之内完成。然而我们很难一件一件、有顺序地完成全部任务，常常会被电话、精彩的电视节目、舒适的床，或者是和同事聊天之类的事打断。如果我们能始终记着我们要完成的任务，干完之后再用剩下来的时间做各种休闲活动，那我们的效率就会高多了。我费了很大的力气让我的学生们始终专注于自己的任务，把功课放在首位，该做的所有作业都完成了才能去玩儿。

当老师的第一年，当我教完一门课准备教下一门的时候，我注意到孩子们有的开始说话，有的离开座位四处逛，有的找作业本，有的站起来削铅笔，因此而浪费了大量时间。于是我决定把课间的时间变成像做游戏一样。我跟全班同学说，早上到校的第一件

大家齐努力，动作快、静、齐

事就是将这一天要用的所有东西都放在伸手可及的地方，等我们上完一节课的时候，我会说：“好了，现在大家把数学书和本子拿出来。”孩子们必须用几秒钟的时间把刚用完的书本拿下去，再把数学书和本子拿出来。有时那一幕会显得特别有意思。

举个例子吧。我们用投影仪的时候要求室内保持黑暗，要关灯、关窗、拉出投影仪、插好电源，再拉下屏幕，同学们同时还要准备好要用的书、本等用具。为了完成这一系列任务，我把任务分解开来，每个动作指派一位同学负责。之后，当我说需要用投影仪时，每个人都会马上跳出来，各就各位，在几秒钟之内准备完毕。那些参观过我们班的老师总会赞叹我们班的孩子在齐心协力准备投影仪时是多么的迅速。有时我站在教室前说话，没准哪个孩子会说他看不清楚我在黑板上写的东西，这时我就会说：“好，我用投影仪显示给你看。”说完我就向教室中间走去，还没等我走到教室中央，投影仪就已经被支好并接上了电源，紧接着黑窗帘拉上了，灯关了，屏幕拉下来了，连笔都递给我了。那时我就可以拿着笔随意往投影仪上写东西了，而教室里好像什么都没发生过。每当有老师问我，我究竟用了什么招儿让孩子们做到这一点时，我都会告诉他们这很容易。孩子们喜欢帮助别人，他们是在尝试从一个科目换到另一个科目到底能有多快，我们是在一遍又一遍地练习呢！训练一个月以后，如果你训练得法的话，教室里就会上演一场场的绝妙好戏了。

18 做事应该有条理

你要尽最大的努力，让自己尽可能地有条理。

我给人留下的印象，恐怕是这个世界上最没有条理的人了。我的办公桌上有堆积如山的纸张、文件夹、书籍、餐巾纸，还有吃的东西——对，食物。有时我不小心碰一下桌子，桌子就像要塌了似的，吱吱呀呀乱响，引得旁边的孩子赶紧去扶桌腿。如果你和我以前的学生谈到这类事，他们肯定会告诉你，我那桌子上有一星期没倒的茶杯、吃了一半的甜甜圈，还有很多杂七杂八的东西。但是，我敢保证他们还会告诉你，放在桌子上的每一件东西我都知道具体在哪儿，而且我想拿什么东西都可以在几秒钟之内拿到手。

如果你知道了我是多么邋遢的一个人，你就可以理解我对那些条理性差的学生为什么如此宽容了。但这种宽容还有一个附加条件——我告诉学生们，我对他们课桌里的东西堆成什么样可以不管，但是如果他们不能很快完成作业、记笔记或其他我布置的任务,我就会找他们的麻烦了。我在哈莱姆教过一个叫马文的学生，他根本不理会我关于条理方面的要求，但是不管我跟他要什么他都能手到擒来。在哈莱姆还有一个孩子叫舒芒德，他居然能骑着马找马。据我观察，他每次找东西时如此低能，都是因为他没有条理。我干脆把他的桌子桌面朝下拎起来，把所有乱七八糟的东西抖到地上，然后让他把作业找到，却不允许他把东西放回课桌，因为那桌子对他而言根本就是个摆设。这看起来有点过分，但的确很管用，能刻在孩子们脑子里。从此以后，孩子们找不到东西的次数骤减。这么做不是因为我生气或想要侮辱他们，而是为了教育他们。当然，我需要跟学生们作足够的解释。

每年我都问我教过的学生，新老师对他们在班上的表现有哪些看法。我主要的目的是想了解我教过的孩子在哪些方面做得不错，哪些方面还有不足。这点有时很难做到，也令人难以启齿，因为你很难听到一个老师告诉你，你的学生什么方面没被训练好。如果你确实想成为一名更好的教师的话，我认为确实有必要这样做。除此之外，能听到正面的议论也是不错的。举个例子，过去有的老师曾经说过："我能确切地说出来哪些是你教的学生，因为他们的写作技巧要比班上其他同学强得多。"听到这句话确实令我太高兴了，但学生们有一处弱项常常被老师们指出来，那就是条理性。这令我痛苦万分，因为我知道，要想让他们做到，我自己就得先做好。

一年夏天，为了帮助我的学生们变得更有条理，我决心作些改变。首先，我去商店买回了一套我希望孩子们人手一份的用具，包括一个能装下他们的笔记本的大书夹子，还有活页纸、钢笔和铅笔、100 页厚的笔记本，以及蜡笔、尺子、订书机等。我还买了一盒纸巾，我发现整年我都得不停地买纸巾，因为孩子们经常流鼻涕。为了给我自己省点钱，我把它加进了学生必备物品清单。我做的第二件事就是，把所有的物品放在我客厅的地板上，然后拍张照片。准备就绪后，我给孩子们写了封信并且附上照片，解释说这些物品是他们下一学年必须要用的。他们在开学前三周就能接到我的清单，这样家长们就有足够的时间去采购了。这确实是个好主意。我没发清单之前，学生们上学的第一天要带大量的东西，很多东西他们根本就不需要，我可不喜欢这样。因为又要开学了，又升了一级，孩子们（也包括家长）会很兴奋地置办许多东西，不管有没有用。我的学生家长收到我寄的照片和信以后，对我的做法大加赞赏。他们不用拼命地买许多东西了，同时也知道了我想让他们准备什么，更不会因为买了孩子们根本用不着的东西而浪费钱。

开学的第一天，几乎所有的学生都带来了所有我清单上列的物品。我发现所有的家长——不论他们的收入状况如何，都对孩子的学习用品非常重视。我会仔细检查全班每个人的每一件物品，并且告诉他们每件东西什么时候用，再在上面用标签做上标记。我给他们做示范，告诉他们怎样在日历上记下每天的家庭作业，以及被判过分的试卷存放在哪里等。在做过示范之后，他们成了我教过的班级中最有条理性的班级，这也让我轻松了许多。每当我想要孩子们的家庭作业时，他们都知道从哪儿拿，假如我想要他们的复习纸，他们能立马交上来。同样，开家长会的时候，我能和家长一起检查每个孩子夹在书夹上的笔记本，能快速地找到任何东西，如计划表或我需要的试卷等。那一年我领悟到的重要一点就是，孩子其实是很喜欢被条理化的，他们喜欢我们这套技巧。做到条理化这套技巧不仅对他们的学习有用，对他们今后的职业生涯也是有好处的。

18 做事应该有条理

如果你从事教育行业的工作，那么我建议你，把你希望别人做到的事情尽最大可能地细节化。如果需要的话，可以拍照片，或给他们发宣传品，明确地告诉他们你想让他们做什么，或生产什么。通过给他们做示范，教他们如何做到有条理。根据我的切身体验，你永远也不能想当然地认为一名学生或其他任何人会知道或理解怎么做到有条理，最好的做法就是把你的要求明确化、细化。

19 别对作业发牢骚

我布置家庭作业的时候，不允许有人抱怨或者发牢骚。如果谁这样做了，他就必须做两倍的作业。

想想在你工作过的地方，那些和你一起工作的同事中有多少人十分积极进取，又有多少人比较消极？你更愿意和这两种人中的哪一种打交道？我想答案应该很明确，但很多人仍然持消极的态度，似乎对别人指派给自己的任何工作都要抱怨一番，对任何需要他付出努力的要求都要发一通牢骚。

我不喜欢我周围有这样的人，因为听到别人抱怨生活会使我感到苦恼。有时候，有些事情我们必须去做，但是在那个时间我们又不想做，可这是我们的责任，我们必须做，不能有半点抱怨。我们很多时候都是把太多的努力和精力浪费在了不去做某事上，而不是放在完成任务上。有时是你的孩子让你帮他们辅导家庭作业，有时是你上了岁数的邻居让你去看望他们或帮他们修剪草坪，可你这时候并不想做这些事情。这是很平常的事，但却责无旁贷。这时你就应该去做，既不能发牢骚，也不能满不情愿的。

我在班上一直努力灌输一种积极向上的思想，并且在任何情况下，我都不允许我的学生对我留的作业和提的要求有所抱怨或者大惊小怪的。若违反这条规矩，我的惩罚方式是——做双倍的作业。这个法子过去给我带来过好多次指责。老师们经常会对我说："克拉克先生，我真的不赞成你的第 19 条规矩，你不能把多做作业当成一种惩罚的手段。"我理解他们的意思，但是同时，对指派的工作抱怨、发牢骚的人也不能纵容啊。为了不让这类事发生，制止的过程中一定会有相当激烈的冲突。你想想哪种方式更糟糕，是让布置的每一项作业都被抱怨、每一件应该完成的工作都充满了逆反情绪，还是让他们做一两次双倍作业，从此以后在接受作业的时候再也不会抱怨和发牢骚？

我告诉学生们，如果某个晚上他们觉得功课太多了，我欢迎他们跟我提出来。只不过他们必须用这种方式表达——语气充满尊重，绝无抱怨和牢骚。举个例子，我告诉孩子们可以这样表达："克拉克先生，我们几个人今晚要在社区中心表演节目。您可不可考虑一下，把家庭作业中的阅读内容减少几页？"我很愿意和这样的孩子打交道，通常情况下，我会把全班的作业都减下来，而不仅仅是那几个学生的。

20 自觉学习守纪律

> 当你和代课老师在一起的时候，要跟和我在一起时一样，遵守同样的规章制度。（我知道做到这一点很难，但的确很重要。）

我们都知道老板离开办公室后会是什么情景，员工们不再需要处于最佳的工作状态。有这样一句古老的谚语：“山中无老虎，猴子称霸王。”我的生活中也有这样类似的经历，当肯甜甜圈快餐店的经理外出时，我们会玩捉迷藏；校长外出的时候，有的老师会打一整天的电话。我想让我的学生形成这样的观念——无论有没有老板站在身边，他们工作都是为了自己，他们要从自己的努力中感受到自豪。我希望他们成为这样的人——自愿地为工作付出 110% 的努力。给 12 岁的孩子慢慢地灌输这种观念确实有点困难，因为学生们能从一英里外就嗅到代课老师的气息，在还没有哪个医生能诊断出来之前，他们就能预感到有某种疾病即将袭击老师，并让老师在家病倒数天。他们还能让刚来的代课老师如临地狱，证明自己天不怕、地不怕。

我记得那好像是我上初中时的事了。七年级的时候，有一次，一位代课老师一走进教室，我和我们同学就开始互相对打起来。女生们用橡皮筋——那是金格·布兰奇做发带用的，男生们把加德纳太太种在靠窗的墙边的红色浆果摘下来，整个教室里只见橡皮筋飞过来，红浆果飞过去。而被孩子们忘在了脑后的代课老师，此时正坐在讲台前读着丹妮尔·斯蒂尔的小说，她对书之外的世界仿佛浑然不觉。第二天，加德纳太太走进教室后，先看了看我们，再看了看她种的那些植物，然后转过脸来瞪着我们问道：“哪个该死的家伙动了我的浆果树？”那眼神可真不怎么慈祥。

为了防止孩子们重蹈我当年的覆辙，我使了几招。第一招就是苦口婆心地教导他们，我不在的时候同样要保持教室的秩序井然。我让他们拿出最好的表现，并警告他们，如果我发现有哪个人不守规矩，等我回来以后，后果就严重了。我喜欢说一句话：“后果是严重的。”这句话真是太神奇了，其实我根本就没说我会做什么事情，因此，我不用非得做什么。主动权掌握在我的手里，哪怕是全班学生都表现不好，我也不会将 37 个孩子拘押一个月，那样我还得伺候他们。我只说了后果将会是“严重的”。我可以只数叨数叨他们，说他们多么令我失望，这样我也算守住了信誉。在我第一次请假之后返回学校的时候，代课老师已经给我留了张纸条，清楚地告诉我班里发生过什么事。如果经过查实发现某个孩子表现确实不好，我就会拿他开刀。这样做有点不大好，但是很必要。全班同学都会看到我如何处理这件事，如果我什么都不做，或惩戒的后果不足以严重到震慑住他们，那么我不在的第二天一定会成为郊游日。通常我会把那个孩子叫到教室前面去，对他大声训斥，我还会把每周的家长联系簿拿来，让他知道我要跟他的家长联络。我想把这一刻印在孩子们的脑子里，以便他们下次跟代课老师在一起时，会记起这一幕。

我敢向你保证，代课老师往往对学生很粗暴，而且不可理喻，他们也控制不了一群学生。每当这个时候，我都会毫不留情地批评他们这种缺乏责任心的行为。我从没让我的学生知道这一点，还继续向他们表现我的不满，好像世界末日来临了。我经常玩的一个把戏就是对他们说："唉，你们真令我伤心，你们要为此向我道歉。"其实之后什么事也不会发生。我经常发表这样一个声明："你们知道，孩子们，我所有的东西都给了你们，我自己都累倒了，却还带着你们去旅行，尽可能给你们提供好的教育。好了，现在我不得不告诉你们，你们如果还这样下去的话，我就再也不想像以前那样，安排各种有意思的活动了。你们也不希望这样吧？"我这番话就像有魔力一样效果显著。

我有一个让孩子们善待代课老师的最好办法，虽然这要求我们自己预先要做很多准备，但这招真的很管用。每当我必须请假的时候，我就会提前把学校的摄像机带回家，把我将要教的课录下来。我会这样说："好了，同学们，现在请你们把小说拿出来，翻到 134 页。詹金斯太太（代课老师），请你按下暂停键，然后检查所有同学翻的页数对不对，如果都对，请按下播放键。"然后，我会给学生们朗读，间或停下来分析一下要点，逐项解释他们可能出问题的地方。最值得一提的是我有时会跟孩子们耍一个小花招。首先，在录像开始的时候，我告诉他们，在教室里坐着的每一个人我都能看见。当然了，他们听到后会觉得很可笑，但是，在我离开之前，一般情况下我会和两个学生暗地里通气，并让他们发誓不会泄露秘密。当我说到我能看见班里的孩子们时，那个孩子就会按事先的约定问道："克拉克先生，你真能看见我们吗？"录像一直播放着，他刚问完这句话，我就在录像里答道："是的，贝里，我能看见你！现在你最好注意听讲。"这时，同学们总感到特别意外，有时，连个别代课老师都会被吓一跳呢。

我喜欢用录像这个方式教课，有好几条理由：第一点，孩子们不会损失整个白天的教育，因为我要讲的课都在录像中了。第二点，我不用再为必须给代课老师写详细的教案而发愁了，我现在的教案只有两句话："按播放键"、"按停止键"。第三点，孩子们很喜欢我给他们录制的录像。在这点上，他们倒没怎么告诉过我他们如何喜欢，但每次上录像课的时候，我为他们花了好长时间作准备，可他们却不用再做大量练习和朗读了。第四点，纪律是最基本的。代课老师们纷纷表示，每次给我们班来上课时，都发现我们班特别好管理，他们只要坐在讲台前，点一点某个没有专心看录像的学生就行了，但其实每次所有的孩子都在专心看录像。我在录像里故意做些有趣的动作，还表演一些绝活，这样，孩子们就容易全神贯注地看了。

当你要出公差或休假，不得不离开你的班级时，这个办法没准就有用呢。你可以坐在摄像机前，给孩子们朗读一段他们最喜欢的小说中的章节。当孩子们想你的时候，他们就可以播放录像，想放多少遍就放多少遍。我们现在处于信息时代，你纵使不能亲临现场，也依然可以用其他方式参与其中。

21 课堂秩序严要求

我们必须遵守教室的纪律，我们要有组织、有效率地完成任务。为了做到这一点，必须遵守如下规则。

1. 未经许可，不得离开座位，除非你病了，才可以马上离开。

2. 不得说话，除非：

A. 你举手，我叫了你；

B. 我问你问题，你要回答；

C. 休息或午餐时间；

D. 我特批的时候，例如小组活动需要沟通。

无论是家庭教师协会的会议，还是镇上的政务会或任何一次董事会议，每当我们分组讨论的时候，都会出现场面混乱、浪费时间的情况。大家乱说一气，缺乏组织，也没人能有效地控制现场的局面。当我和孩子们在一起的时候，我就试着教他们如何在小组中控制自己的言行，如何参与辩论和讨论问题，以及如何在小组中得体地发言。

我知道，不能说话或不得离开座位的规定看上去有点苛刻了，但如果你是和一群孩子在一起，他们缺乏自我约束，对讨论这种方式也不够熟悉，而我又在努力地营造一种良好的班级环境，我就必须在一开始的时候尽可能地严格。尤其是在我把它作为这一年的一个进步目标的时候，这样做就显得十分有必要了。

但我们班的教室里绝没有条条框框，实际上，我认为我们班教室是一个真正充满乐趣和令人兴奋的地方。教室里经常会有一阵阵的混乱和吵闹声，但是我知道，如果我需要孩子们回到他们的任务上来，我所要做的就是说一个字，然后教室里就能完全安静下来。

我不允许孩子们随便说话的原因是，大多数人若不经过我的强制手段，是很难做到这一点的。也许是因为我教的孩子精力特别充沛，特别能折腾，或者是因为班级人数多的原因吧。在纽约，我们班的学生人数多达 37 个。为了让各组专注于眼前的任务，我不得不剥夺他们说话的权利，除了在全班讨论、他们要提问或我让他们发言的时候。通常在几个月之后，我对这条规矩的执行会放松一点，这时教室里会不时地发出低语声，但还不至于失控。有朝一日，当你能用这个办法管理好一个小组时，你就可以搞些灵活多样的活动了。小组活动的时候，我们可以使用胶水、丝带、气球，以及你能想得到的任何道具，但是孩子们仍然会精力集中和有条不紊。我称之为“有组织的混乱”。我们不仅能顺利完成小组工作，还从中得到了很多乐趣，而越是有条理地进行，完成的事情就越多。如果你没在教室里立这些规矩，又想达到类似的效果，那教室肯定要变成动物园了。

22 吃东西的小秘密

上课时，你可以带瓶水放在桌子上，我讲课的时候，你不要问我能不能喝水，你甚至可以把食物拿到桌子上吃，只要不影响别人，也不要让我听到你吃东西的声音就行。

如果我们周围的环境很舒适，我们的表现就会好一些。想一想，你工作的时候会不会在身边放上一杯咖啡或其他什么饮品？你手边有没有糖？你看电视的时候会不会给自己准备一点零食？在我们触手可及的地方，放上一点令我们感觉放松的零食，是件很自然的事。

回顾我的整个学生时代，我的口袋里每天都必须装满糖。我都记不清有多少次，老师让我吐掉我正嚼着的口香糖，或扔掉那些糖了。我还记得，我刚上大学的时候有多么开心，因为只要我愿意，我都可以带一块比萨饼和一杯饮料进教室。我觉得自己简直快活似神仙，身边有吃的、有喝的，别提多舒服了。每次我到妈妈办公室的时候，总能看到她办公桌上有一瓶百事可乐和一盘点心。她告诉我，缺了这些她就没法工作。这倒提醒了我，因为在教室里，任何形式的食品、饮料或口香糖都是被禁止的。可能来自严格班级的人会感到很奇怪，但事实上，学生们在教室里吃喝根本就影响不到我。我在哈莱姆教书的时候，有时我们教室特别热，孩子们总要时不时地问我他们能不能喝水。这都快把我逼疯了，但是我又不能为此而批评他们，因此我允许他们放一瓶水在课桌上，这样的话，孩子们就不会时而起立、时而坐下地在教室里来回折腾了。

几年以前，我甚至允许孩子们上学时带食物来，但同时有几条附带的规矩。第一，打开包装的时候不得出声；第二，吃的时候不能出声；第三，不能在桌子周围掉碎屑或把没吃完的东西留在桌子里。孩子们特别高兴，因为他们喜欢桌子上有零食，而且，大部分孩子都能认真遵守这些规矩。但还是会有问题存在：有一个叫塔蔓达的女孩儿，她桌子上的各种食物总是多得要命，比如吃了一半的三明治、碎了的薯条、巧克力布丁、胶质软糖，以及任何你能想得到的食物，它们和所有的书本堆在一起，占据了整张桌子。让这个女孩儿保持课桌整洁实在是太难了，最后，我不得不剥夺了她吃东西的权利。

谈到塔蔓达的桌子，似乎有讲不完的故事，我都能列出一整张单子。一天，科学老师斯考夫兰德太太在讲一堂有关食用颜料用途的课。当她讲完课的时候，发现一只装着绿色颜料的小瓶子不见了。我问有谁拿了，可是没人举手。过了一会儿，我无意中回了一下头，却看见塔蔓达的脸完全变绿了！原来是她把瓶子藏在了她的课桌里。显然她在拿瓶子的时候沾得满手都是，自己却没意识到这点，后来她又用手捂着脸休息，于是整张脸都被染成了绿色！我不动声色地继续发问："同学们，你们真的没人拿走那只装着绿色颜料的瓶子吗？"还是没人举手，于是我继续讲课。

只要不影响他人，你可以在上课时吃东西

过了几分钟，我实在忍无可忍了，再次问道："塔蔓达，你知不知道食用颜料在哪儿？"她答道："不知道，老师。"那语气听上去好像我疯了，非冤枉是她拿的似的。我冷冷地说道："好了，塔蔓达，不是你拿了那个瓶子放在你桌子里的吗？看来你已经受到了足够多的惩罚了。"最后，她终于发现自己的脸都绿了，也明白老师是怎么知道的了。当时全校有半数的学生都看见她的绿脸蛋了，我觉得她也够惨的了。

23 见到老师问声好

要迅速记住全校老师的名字，在路上碰面时要主动问候他们，说些诸如“早上好，格雷厄姆太太”或者“下午好，奥尔蒂斯女士，你的衣服真漂亮”之类的话。（注意：你和全班同学在一起排队时，不能和老师讲话，因为不许讲话的纪律依旧生效。在你刚进学校或要离开学校的时候遇见老师，都应该和他们打招呼。）

当有人跟我说他们不知道他们邻居的名字，也不能说出他们身边所有同事的名字时，我都会感到很吃惊。很多人不去主动问候别人并进行自我介绍，这可不大好，特别是当单位来了新同事、社区里搬进新邻居的时候。我希望我的学生们进入社会后，能主动了解他们周围的同事或邻居，特别当别人刚刚进入一个新的环境时，能为他们创造一个令他们感到舒适和受欢迎的氛围。他们应该记住周围人的名字，并努力做到善意、有礼貌地对待别人。这样的话，就可以创造一个更舒适、更令人愉快的生活和工作环境，他们在这样的环境中也会更加快乐。

在所有我参观过的全国的学校当中，我觉得更能令人感到宾至如归的，通常是规模较小的学校。在那里，所有的老师都认识所有的学生，反之亦然。很多老师都觉得，要想创造成功的教学环境，就要把班级的规模变小。对此，我倒认为没有必要。我访问过一些人数在 1 000 名学生以上的颇具规模的学校，他们的资金比较充裕，每间教室的学生数均少于 22 人。然而在那些学校，孩子们好像都钻进地缝里消失了，他们的个性也被淹没了。在斯诺登小学，有一段时间每个班的人数都超过了 30 人，但是我们仍然保持了在家里的感觉，因为在同一个屋檐底下，我们都彼此认识，彼此相互信任。我想关键问题不在于班里有多少个孩子，而在于学校能否创造一种让孩子们感到自在和开心的氛围。

当我去哈莱姆教书的时候，我感到那种建立起来的信任和舒适感是问题的关键。校长助理卡斯蒂略夫人在老师和同学们心目中扮演了一个母亲的角色，她凭借她超凡的个人魅力赢得了大伙儿的爱戴。她不仅知道每个人的名字，对每个人也都特别亲切。在哈莱姆，还有很多已经任教四五年的老师，学生们也很尊敬和爱戴他们。每年这所学校都会出现很多新的面孔。我来学校的第一个星期，这里一共来了 10 位新教师。两个星期以后走了 5 位，又增加了 5 位。这新增的 5 位中，很快有 3 位走了，然后又新来了 3 位，所有这一切都发生在圣诞节前。这使合同很难签订，也很难让学校成为一个完整的集体。因此，我要求孩子们记住学校里每位老师的名字，以帮助制造团结的氛围。我感到，孩子们知道学校里的人越多，他们就会越感到舒适；而且学校里的成年人越多，孩子们出现问题或需要帮助的时候出现的人也越多。

此外，作为一名教师，当学生们知道你的名字并且跟你打招呼、聊天时，那种感觉也挺美妙的。试想，一位新老师第一次走进学校，他或是她很可能会因为进入一个新的环境而感到紧张，并且会为孩子们是否喜欢自己而担心。在大多数学校里，老师们会举行一个欢迎仪式来欢迎新成员，但是我想，如果让孩子们来表示欢迎的话，一定会更加热烈。

24 上厕所，讲公德

上完厕所以后应该立即冲马桶和洗手。上公共厕所的时候，洗手前要先拿一张纸巾。洗完手以后，要用这张纸关水龙头和按出纸机抽取另一张纸来擦干手。（或用这张纸按干手机的按钮。）你要做的最后一件事就是用你干净的手去拿你想拿的东西，而其他的人都是用脏手去摸的。

这条规矩看上去有点苛刻，你也许并不认为用纸巾垫着去关水龙头十分必要，我能理解。我是想声明：人们在上公共厕所时要重视清洁问题。众所周知，使用公共的卫浴设备有时挺困难的，你想用点洗手液，可压了半天却怎么也出不来；你想洗手，可感应的水龙头只出水 1.5 秒钟，这的确挺让人心烦的。我发现，很多次我在水龙头底下一个劲地摇动双手，好让它开始出水，但当我把两只手放到水流下揉搓时，它又不出水了。结果，洗手成了一件特别麻烦的事。

除了洗手困难以外，有时进公共厕所简直就是在经历一场噩梦，从没冲过的马桶到满地的卫生纸，脏得令人作呕。

上公共厕所时要注意清洁问题

教书的第一年，我注意到男生厕所的小便池从来就没有冲过，我都快被这件事逼疯了。我问男生们为什么不冲小便池，他们的回答是：“一是我不想去按把手，因为它特别脏；二是我们在家都不冲马桶，除非是第二次，因为如果每次都冲的话，会浪费水、浪费钱。”

为解决第一个问题，我告诉孩子们在他们上完厕所以后，拿一张纸巾去触碰把手。对第二个问题，我向他们解释说，尿液落到马桶里，就会引起细菌在周边的传播，这样包括他们自己在内的人都会被传染，乃至生病。然后，我就问有多少人喜欢用别人的尿液还没冲掉的小便池，答案当然是没有一个人。所以我强调让他们每个人都管好自己的事，不要把麻烦留给别人去处理。真是谢天谢地，我说的话他们都记进了心里，从此以后小便池就干净了。我们班的孩子甚至还抓住那些上完厕所没冲就要走的孩子，让他们冲完再离开。

我看到的第二个问题是，在盥洗室里，孩子们都用脏手开水龙头，然后洗手，再用洗干净的手去关刚才脏手摸过的水龙头。为了解决这个问题，我让孩子们洗手之前先拿一张纸巾，在洗手之后用它关水龙头，和按取纸机取另一张纸。（我知道这看起来有点神经过敏，但是你既然知道细菌极易传播，就应该在它刚开始滋长的时候将其扼杀，这样也能让你自己幸免于难。）

就卫浴的清洁问题，我反复对孩子们强调，学校的管理人员维护环境卫生十分辛苦，我们只要顺手做一点小事，就可以帮助他们。第一件事是确保不要把纸落到厕所的地上，这点几乎做不到，因为十几岁的男孩总认为他们是迈克尔·乔丹，所以没有命中篮筐的纸在垃圾桶周围堆了一堆。这一点我告诉了男孩子，还有女孩子们，我让他们拿着一张纸巾去巡视所有的厕所，见到地板上有垃圾就捡起来。我还告诉他们，他们做不做这件事我并不介意，但重要的是他们做完离开以后，地板干净了，厕所卫生有了很大的改观，这会让上厕所的人感到舒服，他们自己也会引以为豪。

25 热情接待来访者

> 我们学校经常有人来参观。如果有人要参观我们教室，我会派两名学生在教学楼前等候，并举着一个欢迎牌。当我们的参观者到来时，接待者要和他们握手，向他们作自我介绍，并致欢迎辞，然后，在带他们进教室之前，先领他们简单地参观一下校园。

如果有人要来你的办公室，或者你有一位客人要参加你的聚会，而他除了你之外谁都不认识，这种做法就可以派上用场了。这样做可以让别人感到很舒适，在新的环境下，他们会有一种宾至如归的感觉。对公务在身的来访者，要派专人在门口迎接，领他简单参观一下你的办公环境，然后把他领到你的办公室里，并介绍给你。对参加聚会的客人，可以让你的另一个朋友在门口迎接他，带他进来，并把他介绍给你的其他客人们。

人一旦进入了一个完全陌生的环境，往往会产生一种压迫感，并造成精神紧张。我上高中二年级的时候，我们家在北卡罗来纳州内搬了一次家，从乔科威尼蒂到了贝尔黑文，我也不得不转入一所谁也不认识的新高中。上学的第一天我特别害怕。我父母告诉我说，学校会在我上学的第一天安排一个小伙伴领我熟悉一下环境。但这件好事从来就没有发生过，我一直孤单一人，下了这节课，再上下节课，这就够令人难受的了，然而最难熬的是午餐时间，因为我知道到那时我还得一个人用餐。幸运的是，在第四节课的时候，老师介绍给我一个做实验的搭档，她叫安妮塔·卡洪。她对我说："你一定是新来的吧？你和我，还有我的朋友们一起吃午饭，听我的。"听她这么说，我心里顿时踏实了许多。最后，我和安妮塔及她的朋友们成了最好的朋友，我也开始喜欢这所学校了。我永远忘不了刚到一个陌生环境时的那种恐慌无助的感觉，你谁都不认识，找个地方也十分困难，更不知道自己可能遇到什么事。

最近，我拜访了莫扎克社团位于夏特洛的办公室，他们专门铺了迎宾地毯来欢迎我的到来。他们派了专人在门口迎接我，带我参观教学设备，并把我介绍给所有的员工。他们为我准备了好吃的食物，我走之前，又送给我一篮子礼物，里边装着一件T恤、一只咖啡杯，还有一些与这次访问有关的纪念品。尽管对每一个来我们教室参观的客人，我无法隆重地予以招待，但是我要确保他们感觉自己受到了欢迎。假如你进了校门，却不知道该往哪里走，也不知道该向谁问路的话，你一定会有一种很不舒服的感觉。为了解决这个问题，我会让两名学生在大门口等着，举着一个写有来访者姓名的欢迎牌，这样还可以节省本来就不长的参观时间。

客人们到了以后，我让学生先致以热情的问候，然后带他们简单地参观一下校园，之后护送客人到教室，并把他们介绍给全班同学。为了熟悉这一整套程序，我们做了大量的练习。我经常会让一组孩子放学后留下来，专门练习某一种情形，比如参观学校。

我们一遍又一遍地作介绍，尽量考虑周全客人们可能想了解的信息、可能提出的问题。这是对别人表示尊重的一种礼节，每一个参观我们学校的人对此都很赞赏。

26 善意对待每个人

> 在餐厅就餐的时候，不要让你身边的座位空着。有人想坐，就让他坐，不要刻意去排斥什么人。我们是一个大家庭，应该善意地对待和尊重别人。

我们都有过被别人忽视的感觉，在大人面前经常会很无助。当班里有孩子被孤立的时候，作为老师，都觉得这是个棘手的问题。我讨厌看到有孩子被孤立，被别的同学晾到一边。我成天对孩子们讲，大家要组成一个大家庭，要包容所有的人。我让他们和班里的每个人都成为朋友，而不仅仅是和几个人。我还对他们说，他们没必要强迫自己去喜欢班里的每一个人，因为作为成年人，我也不会喜欢我见过的所有人，而且只有人类才知道有选择地喜欢什么人，不喜欢什么人。但是我可以保证，我能撇开个人感受，对每个人都很尊敬、充满善意。我让他们知道这些，同时希望他们也能做到。

在午餐时间，如果我注意到有哪些孩子总坐在相同的位置上，或者在故意占座位，我会给这些孩子一个警告：如果再次发生类似情况，我就要排座位表了。我要确保每位学生坐着的时候都能跟别人说上话，没有人受到冷落。我经常告诉他们，他们必须那样做，不然我会说“否则……”（我喜欢这么说。把很多时间花在实施惩罚上可不是什么好主意，因为你永远都不知道可能发生什么事，会使你想减少或者延长惩罚的时间。）

让孩子们学会接受每一个人，这花费不了多少时间。因为大家都有在团体中寻求安全感的需要，甚至包括成年人，也都想得到一种归属感。但遗憾的是，这种联盟常常意味着一些人会被排斥在外。有自己的一帮朋友也不错，然而我教育孩子们，必须保证他们自己和他们的朋友懂得包容别人，并努力地接受别人参与他们的活动。

27 人在窘境莫旁观

在学校里，如果你看见某位老师在对一名学生说话，或在教训他，千万不要盯着这名学生看。假如你处在麻烦中，或者遭到了批评，你一定也不想让其他人看着你，所以在这种情况下，不要盯着别人。如果我正对你说话，这时有其他同学看你，你也不要生气或对别人大惊小怪的，我自会处理的。

这条规矩是因为朱莉娅·琼斯才应运而生的，朱莉娅的自觉性比较差，你不说的事，她就不做。每当我教训她的时候，只要有其他的同学看她，麻烦事就来了。她会对他们又打又骂，敌对情绪特别明显。我意识到我要不惜一切代价制止这类事情，不能让它们再发生了。我跟同学们说，我在批评其他同学的时候，他们不能盯着看，而应该低着头，或者目视前方。这条规矩不光对朱莉娅有用，对其他同学也都很见效。试想，你因超速行驶被警察叫到了一边，你下了车正跟警察说话的时候，每个过往的人都盯着你看，这种感觉可真不怎么样，只会使事情变得更糟糕。芭芭拉·琼斯是我在北卡罗来纳州工作时的同事，她说自己最尴尬的遭遇，就是开车被警察拦下来时，学校的班车正好从她的身边经过，她的学生会冲她做鬼脸，并对着她指指点点。还有另一种情况是，每个人都知道你身陷麻烦，并且看着你受罚。在学校，孩子们犯错误是不可避免的，也一定会有受罚的时候。为了避免尴尬和因公开展示而引起的愤怒，我要保证孩子们理解和遵守这个规矩。我还要确保孩子们知道，当我严厉地批评一个学生时，有谁盯着这名学生看，那么，盯着他的这个人也要受到惩罚。

28 遇到难题找老师

如果你对家庭作业有不明白的地方，可以给我打电话。如果电话没人接，你可以用以下方式给我留言：“您好，克拉克先生，我是______。我在家庭作业中的______方面有疑问，请您在___点钟之前给我回电话。谢谢！”这个留言说一遍就行了，不用再打第二遍。

在当今社会的商业活动中，有一点至关重要，就是让你的客户在任何时间都能找到你。如果客户在需要和你讨论有关问题，或需要你帮助的时候，无论什么时间都能联系到你，那么他们心里就会觉得特别踏实。为了成功，你必须让别人更容易联系上你。我把这种态度也带进了我们班，把我的电话号码给了学生们。对此我并不在乎，尽管有很多老师不愿意这么做，我觉得也无可厚非。如果家里的电话响个不停的话，也确实挺招人烦的。然而实际情况却远没有这么糟糕，因为大多数学生不会给你打电话。但是我想这样会让他们感觉很好，因为他们知道自己在需要你的时候，就能找到你。这给了他们一种安全感，同时也向他们表明，在他们需要我的时候，我愿意把我的私人时间奉献给他们。我还花了些时间向学生们解释，在什么情况下不可以打电话。我跟他们说，如果他们问我留了什么家庭作业，那可不行。他们应该在班里就记好了当天的作业内容，如果实在没记下来，可以给其他同学打电话。如果他们打给我，我同样会告诉他们，但是第二天他们就必须吃一顿寂寞午餐，所有的休息时间也将被取消。

所谓合适的电话，就是就作业中的疑难问题向我询问。一般情况下，一个超过30名学生的班级，要让每个人的每个问题在课堂上都能解决掉是不现实的，而且，好多孩子在其他同学面前不愿意承认自己需要帮助。把我的电话号码留给学生们，这对于那些白天有问题没搞懂、又不好意思问的同学来说，是个帮助他们的机会。在哈莱姆有个叫玛丽亚的女孩儿，她在班上的时候特别安静和害羞，她从没举过手，更不会主动表示自己哪里没听懂了。每天晚上她都会给我打电话，我们往往会就家庭作业中的有关问题说上5分钟。通常情况下，她需要我多作点解释。对玛丽亚这样的孩子来说，这样做的结果是使她的中学阶段过得完全不同，不仅是在学习上。她知道她并不孤单，在她需要帮助的时候，至少还有我在。

对于那些担心电话被打爆了的老师，我的体会是：我每天的电话很少超过一个。另外，重要的是我已经把自己的电话号码给了他们，这样就没有哪个孩子告诉我，他们没完成家庭作业的理由是他们没弄懂了。我不给他们这个机会，因为他们本可以打电话给我。

29 餐桌礼仪真优雅

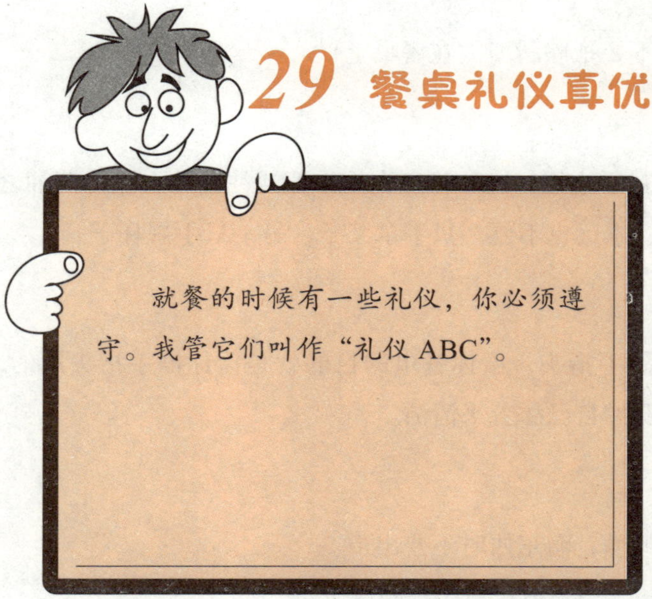

吃饭时，如果你的礼仪很规范，举止优雅，对他人也是一种尊重。下面就是我总结出的“礼仪 ABC”。

A. 当你坐下来就餐的时候，应该马上将餐巾铺在你的大腿前部。如果餐巾裹着餐具，你刚一落座，就应该马上把餐巾打开，并把它铺在腿上。

B. 吃完饭的时候，应该把餐巾比较宽松地放在你盘子的左侧，不能压皱了，因为那样看起来就显得很凌乱。也不要把它折叠得太整齐，否则就好像你认为餐厅的其他人还要接着使用似的。别把餐巾丢在椅子上，这样做其实就是暗示餐巾太脏了，不能往桌子上放。在有些国家的习俗中，把餐巾放在椅子上，是表明你永远也不想再来这家餐厅了。

C. 永远不要把胳膊肘放在餐桌上。

D. 用一只手吃饭，除非你正在切东西或往食物上涂抹黄油之类的。永远也不要一只手拿叉子，另一只手握杯子。

E. 不要舔手指头，给你餐巾的目的就是让你擦手指头用的，不需要你自己舔着来清洁。

F. 别吧唧嘴，嚼东西时不要出声。

G. 不要张着嘴嚼东西。

H. 嘴巴里塞满了食物时别说话。有时人们会用手遮着嘴说话，别这么做，你要把嘴里的东西都咽下去之后再说话。

I. 假如你的牙缝里塞进了东西，不要马上去弄，要等到了卫生间时，再把它剔出来。

J. 吃喝的时候别出声。

K. 别把食物拿在手上把玩。

L. 如果你将叉子、餐巾或者其他什么餐具掉到了地上，不必去拣起来。掉到地上的东西再放回桌子上是很粗俗和不卫生的行为。如果你把掉到地上的东西捡起来，要直接递给服务员，并说声“很抱歉”，然后站起来去洗手，回来后再继续用餐。在这种情况下，最好的办法是叫服务员帮你换一下餐具，刚才掉下去的餐具留在地板上，不用去管它。

M. 吃东西要用餐具，但是下列这几种食物可以用手来拿着吃：

a. 比萨饼

b. 咸肉

c. 饼干

d. 面包(通常要撕成一口大的小块来吃,如果你要抹黄油，不要把整片面包都抹上，要吃完一口，再抹一下)

e. 带棒子的玉米（要横着吃，不要转着圈啃）

f. 热狗、汉堡包和三明治（包括早餐的小点心）

g. 炸薯条、炸薯片

h. 炸鸡

i. 芦笋

j. 小的水果（像带茎的葡萄）、苹果、橙子、胡萝卜等

N. 不要越过别人的盘子去取东西。你应该说：“请把盐递给我好吗？”

O. 在你坐下来之前，不要吃你盘子里的东西。

P. 在餐厅就餐，你的食物端上来之后，不要马上就开始吃，要等到每个人的食物都上齐之后再开始吃。

Q. 如果出现排长队、食物不好吃，或者需要等待的情况，你千万别抱怨。你不想成为一个破坏欢乐气氛的人吧？

R. 假如你不确定应该使用哪种餐具，简单的办法就是从离你盘子最远处的叉子、刀或勺开始。在你的左侧，吃沙拉的叉子应该是放在外侧，正餐的叉子放在内侧；在你的右侧，离你最远的是汤勺，然后是咖啡勺或茶匙，再之后是沙拉刀，最近的是正餐刀。放在你盘子上方的餐具用于餐后甜点。

S. 吃完饭，别把盘子从你面前推开，把它留在原处。如果你想表示自己吃完了，应该把刀和叉并排放在盘子上。放叉子的时候要尖头朝下，刀刃的一面冲着自己，其中叉子离你更近。

T. 不要将你用过的餐具放回桌子，应把它放在盘子上或托盘里。

U. 吃完饭以后，不要将你没用过的餐具放在盘子上或托盘里，应把它留在原地。

V. 当你向服务员点菜、询问或说“谢谢”的时候，眼睛要一直注视着对方。

W. 当服务员向你作自我介绍的时候，要尽量记住他的名字。在整个就餐过程中，当你需要和他沟通的时候，要尽可能地称呼他的名字。

X. 如果你必须去洗手间，你应该在站起来的同时说“请原谅”，然后离开座位。

Y. 当服务员为你上甜点或问你诸如“你的沙拉用什么调味汁？”的时候，你最好反问：“有哪些选择？”如此一来，你就可以避免你所点的东西餐厅没有的尴尬了。

Z. 跟服务员讲话，不要像对待仆人一样，要充满尊敬和善意。记住，他们是为你关注食物的准备情况，并给你端上来的人。你不会想站在他们的对立面上吧。

我知道，这些礼仪看起来是多了点，让孩子们记住颇有些困难。但事实上，我发现孩子们真的很喜欢学习这些礼仪，并很愿意进行实践。当人们走进餐厅，看到我的学生们吃饭的时候会将餐巾铺在腿上，吃的时候用一只手，在餐桌上有很完美的礼仪时，他们都特别吃惊。

记得上初中的时候，有一次，我和父母去参加我堂姐希莉亚的婚礼。那是一个很有特色的晚宴，大家都安静地坐在桌前，面前放着精美的餐具。大伙儿彼此都不认识，都想努力地找些话题。在桌子的中央放着一只盘子，里边盛着花朵造型的黄油。那时桌上已经冷场两分钟了，却没人说一个字。这时我妈妈在胸前划了个十字，她想让气氛轻松一点，就一边去伸手拿一块黄油，一边说道："看，罗恩，你想吃薄荷吗？"她捏起一朵花，花却在她的两个指头间碎掉了，这时她才意识到那不是什么薄荷。接着，她在尴尬中又碰翻了三个红颜色的东西，然后她自己忍不住开始笑起来，转眼间整个桌子的人都笑了。最终，我们大家在聊天和欢笑声中结束了这个美妙的夜晚。

尽管当时的情形发生了好转，但我还是不希望我的学生们处于那种境况之下，感觉很不自在，不知道该做什么来改善气氛或控制自己的言行举止。也许孩子们没有机会去参加这么正式的晚宴，但至少他们应该做好准备。当这种机会来临的时候，他们不会因为没有准备好就不去，在晚宴上也不会有尴尬等着他们了。

30 垃圾随手来清理

用餐完毕后，我们要自己把应该清理的东西收拾干净，包括擦桌子、检查就餐区域的地板上有无遗漏的垃圾等。很重要的一点是：要确保你无论身在何处，都不会随手丢垃圾。

孩子们吃饭的时候总会把周围搞得乱七八糟的，这是个很普遍的现象。你总能发现丢了一地的餐巾纸，溢出来的食物，还有狼藉一片的餐具。这件事令我很苦恼，因为如果孩子们在学校的表现没人管束的话，那么他们就会把这种行为带到社会上去，比如麦当劳、餐馆或其他任何吃饭的场所。我敢保证，如果我们听之任之、置之不理的话，那么餐桌在学生离开时就会惨不忍睹。我教学生们饭后把所有的垃圾从地上捡起来，擦干净桌子，然后检查一番，以确保垃圾箱周围没有任何纸屑。开始的时候，我还要每天提醒他们，但在我们一起劳动了两个月之后，他们就能很自觉地在离开前先把废纸捡起来了。到年底的时候，地上已经没有可捡的垃圾了，因为他们明白了一个道理，与其破坏完了再去

用餐完毕后，自己清理自己的垃圾

清理，不如吃的时候多加小心，这样就不必担心收拾烂摊子了。

我一直对他们乱丢东西这个坏习惯很头痛，不仅仅是食物。对孩子们，我强调他们应该以学校和社区为荣，不但自己不能乱扔垃圾，对别人随手丢弃的垃圾也要捡起来。我经常给孩子们做些小测验，看看他们是否在坚持这个习惯。在学生们来之前，我会在教室周围撒点碎纸片，然后我暗地里观察他们谁会捡起来。大伙儿到齐了以后，我就宣布当天捡了垃圾的人中午可以得到一份冰激凌作为奖赏。我还经常公布那些看见垃圾不捡、瞥一眼就走过去的孩子的名字。相信我，如果你试试我这招的话，不出几个星期，地板上准保一点废纸都看不见了。

一天，我正在提醒孩子们不能乱丢垃圾，一个叫巴勃罗的男孩儿说道："克拉克先生，有一天我和我的朋友们在一个便利店里闲逛，我们看见那里有一个牌子，上边写着'不准乱丢垃圾'，说明他们也很在意这一点呢。"我寻思，在一个店里写上不准乱丢垃圾，这件事倒有点蹊跷。因此后来我去的时候，专门留意了一下，那里确实立了个牌子，但上边写的是："不要虚度光阴。"（在英语里，扔垃圾和虚度光阴两个单词的拼写极为相近。——译者注）想着巴勃罗和他的朋友们在店里闲逛，提醒自己不乱丢垃圾，但是他们当时的所作所为，其实正好和这块牌子所要求的相去甚远，我不禁暗笑起来。

通过这件事，我看到孩子们已经对保持他们周围环境的整洁有了自觉的意识，他们会对自己的垃圾负责任了。我为我的学生感到自豪的是，到了年底，他们已经能控制自己的行为了，他们诚心诚意地为保持周围环境的整洁努力着，他们也赢得了学校和社区的尊重。

31 接受服务要感谢

如果你住在宾馆里，那么你要在枕头边给为你打扫房间的服务生留点小费[1]。一般情况下，每晚 2 ~ 3 美元比较合适，有时还要根据房费的价格而定。

我发现，大部分孩子都知道要给服务生或出租车司机小费，但是大部分孩子从没听说过他们住在宾馆里也应该付小费。最近，我和一些朋友出去玩，劳埃德——我的一个朋友，他离开房间前在梳妆台上留了 12 美元。我问他为什么留这么多小费，他告诉我他妈妈就在一家饭店工作，她总抱怨大多数客人根本就不给小费，而给的人也多半只留一点零钱。劳埃德说，他只要住在宾馆里，就会额外给打扫房间的人多留些小费，因为他们可能根本就得不到任何小费。因此，我的那个给打扫房间的人留些小费以示尊重的想法，再一次得到了印证。我希望通过现在强制学生们做这件事，

1 给小费是美国的生活习惯，在中国不必这样做。但得到别人的帮助和服务后表示感激是必要的，及时说“谢谢”、“辛苦了”这样的话，也可以表达你的感激之情。——编者注

给他们留下印象，让他们今后能保持这种做法。当我们大家一起旅行的时候，我不让孩子们用自己的钱付小费。因为有人为我们的全程旅费募捐，小费也是预算里的一项。

我知道很多人不习惯于在饭店的房间里留小费，因为他们没见过打扫房间的人，也不会与其发生任何联系。为那些你无法当面向他们致谢的人留小费，其实相当于传达了一个信息："有付出，就会有回报。"你应该善待每一个人，对为你做事的人要表示感激之情，反过来你一定会得到好的回报。谈到留小费，我想，我认为留合适钱数的小费非常重要这一观点，恐怕没有人会赞成，除非你自己做的工作与此有关。我敢说，如果你正在餐厅做服务生，你将找不到一位比你的同行更好的小费支付者了。

32 乘坐公车不吵闹

乘坐公共汽车时，我们要始终面朝前方，不应该左顾右盼地与其他人说话，也不能往窗外扔任何东西，或离开自己的座位。下车时，要记得感谢司机，并祝他一天开心。

假如我不需要亲自为学生们驾车的话，这一条对我来说也许并不重要，但它确实是件令司机大伤脑筋的事。操纵一个庞大的家伙就够不容易的了，几十条小命还攥在你的手心里，那份压力就别提了。最后，你的注意力还需要随时面对30个孩子的尖叫声的考验，这会使你开起车来要多难有多难。

我看到也曾听到过很多可怕的事，就是孩子们往车窗外扔东西，砸碎了别的车辆的挡风玻璃。我还听说有的学生在车上打架，司机因为害怕卷入而不敢阻止他们。还有很多时候，孩子们往司机身上扔东西，目的是让司机突然转向，把车驶离公路。我就知道有一个老师的女儿，她被人怂恿，朝后车窗外一辆小轿车里的司机做鬼脸，而那辆小轿车的司机恰恰是她的校长。我的天哪！

32 乘坐公车不吵闹

学校的公共汽车是个异常混乱的所在，而令我最为担心的是，所有这些混乱的行为最终将分散司机的注意力，从而有可能引起事故。我不想将我的孩子们置于这种处境中。我尽自己最大的努力向学生们强调保持车厢安静的重要性，他们必须安静地坐好，可以看书，或和朋友小声地说话。我告诉他们要避免引起其他同学的注意，不得站起来、转来转去或做其他任何可能引起混乱的事。

我还告诉同学们，不仅在公共汽车上，在出租车、飞机或其他任何交通工具上，都要保持这种好的习惯。出于为司机和其他乘客考虑，要尽可能地不出声，不要引起任何骚动。下车的时候，要记得感谢司机，并祝他一天愉快。

33 记人名，需用心

在进行实地考察的时候会遇到很多人，如果我把你介绍给他们，你一定要保证记住他们的名字。等我们离开的时候，你要握着他们的手感谢他们，并且一定要称呼他们的名字。

第一年，我们班被邀请参观白宫，克林顿总统夫妇花了很长时间，和每一个学生及其家长握了手。我注意到克林顿夫人在记住学生姓名方面做得特别好。当我们离开的时候，她和同学们一一道别，并随口叫出每个人的姓名。这件事给我的印象确实太深了。但事情还不仅于此。第二年，我带另一批学生参观白宫时，再次和克林顿夫人谈话，她不但又很快记住了所有孩子的名字，而且还问我以前那些学生现在在做什么，她问的时候居然是指名道姓地问。我现在知道了，克林顿夫人这么做，一方面是由于她确实具有惊人的记忆力，同时我还注意到一个细节，就是当她被介绍给某人的时候，她通常会先回答些问题，在谈话要结束的时候再重复一遍他们的名字，这种重复有助于她记住别人的名字。

外出考察或参观结束后，要与接待者握手道别
并称呼他们的名字，感谢他们的接待

我也开始照着这个法子训练孩子们，并做了很多练习。

克拉克先生：同学们，我想把你们介绍给华莱士先生，他是剧院的老板。

学生：华莱士先生，认识您很高兴，非常感谢您带我们参观您的剧院。

然后是参观完毕，要离开之前。

学生：华莱士先生，我代表我们班同学感谢您今天热情的接待。通过参观，我们了解到了很多有关剧院的常识，同时对剧院在电影工业中所起到的作用有了一定的认识。再次感谢您。

我们进行了大量诸如此类的情景对话，让学生们做了足够多的练习。

如果你能叫上某人的名字，他就会给你更多的尊重。忘了别人的名字有时会给你带来难堪。这一招就是教你如何避免这种情况，将你记住的人名及时地使用上，并且不会忘记。

如果在外出旅行中，我把你介绍给什么人，而此时你正坐着，你必须站起来和别人握手。在被介绍给别人的时候，不起立是种很不礼貌的行为。

34 吃东西，莫贪心

食物端上来后，无论是在自助餐厅，还是在班上，永远不要取走比你实际所需的分量多的食物。你不要贪多，因为这样不仅会造成浪费，而且如果你不给别人留够了的话，对别人也是一种不尊重。

我第一次带学生们去自助餐厅的时候，看见他们盘子里的食物堆积如山，我着实被吓了一跳。那是个比萨饼店，他们返回桌子时居然带了五六块比萨饼回来。从那时开始，我就对孩子们到底能在盘子里放多少食物进行了限制。我对他们说，盘子被食物覆盖的面积不得超过3/4，一种食品的上面不能摞上其他的食品。但是，真到孩子们特别饿的时候，这也是很难做到的。

那年我们一起去参加迪士尼美国最佳教师奖颁奖活动，我要发表一个获奖演说，有四个学生将跟着我一起上台。这次的获奖使我很激动。其中有一个原因听起来有点可笑，我一直猜不透：获奖者在走下颁奖台以后，在哪里继续展示他们的奖品？对此，我经常想的问题是：“他们会回到哪里？他们在干什么？”当孩子们和我到了后台的时候，我很高兴心底的谜团终于解开了。在后台的一边有好多采访的记者，一个大的电视屏幕正在直播台上的表演，还有一个舞台上颁奖台的复制品，于是我们站在上边拍了些照片。由于有自助餐供应，在我接受采访的时候，我同意学生们去吃点东西，但要求每盘必须盛得少一点。这时，突然有一位女士朝我跑来，让我们马上返回我们的座席，因为下一个奖项就要公布了。等我把孩子们叫过来，告诉他们我们必须立即返回的时候，我被眼前的景象吓了一大跳，我的一名叫塞布丽娜的学生在她的盘子里盛了整整九只鸡翅膀！我说道："塞布丽娜，我真不敢相信！难道你不记得第 34 条关于贪吃的规矩了？"她回答说她饿了，但我告诉她我们要急着赶回我们的座位，所以没有时间吃了。我让她把盘子扔到垃圾筐里，她照做了，然后我们就开始往回走。我们穿行在桌子之间，当经过奥普拉·温弗里（美国脱口秀女王）、迈克尔·艾斯纳（迪士尼公司董事长）等人的身边时，我不时地微笑和点头致意。我回头瞥了一眼我的学生们，布莱德、大卫和特雷弗他们三个人跟着我，做着同样的打招呼动作。可这时，我注意到塞布丽娜远远地跟在后边，起初还笑着打打招呼，但马上就开始小心翼翼地啃鸡翅了，她手里竟然一直握着鸡翅！

尽管第 34 条规矩一直贯彻得不是特别好，但孩子们一般情况下也确实做到了不贪多。有时，我会给学生们带来曲奇或巧克力饼干等食品，往往就会有人先把所有的食品扫视一遍，然后从里面挑出一块最大的拿走。这孩子如果让我抓住，我就会让他在边上等着，直到所有的学生都拿完了，才能轮到他。吃比萨饼的时候也是这样，总有孩子要挑块最大的吃，我不断地强化他们这种意识，就是不是只有他们自己最饿，也不是只有他们自己最想拿最大的。我教他们要压制自己贪多的愿望，换来别人对他们的尊敬，同时也让他们知道，不是只有他们自己最有资格拿那个最大块。

这着实花了我不少时间。在向他们解释了为什么少拿一点就显得更有礼貌之后，我就开始奖励那些遵照执行的孩子了。举个例子，如果我看见哪个孩子自觉地拿了一块最小的比萨饼或巧克力饼干，我就会在孩子们都拿完了之后，从剩下的食物里再奖励他一块，因为他的第一块太小了。这种强化工作很有效果，没过多久，班里的绝大多数孩子就学会先考虑别人，再考虑自己了。

35 主动帮人捡东西

无论何时何地，如果有人掉了东西，你要主动去捡起来递还给他们。也许他们距离物品比你近，但出于礼貌，你还是要做出弯腰去捡的姿势。

最近，正当我从某公司往外走的时候，我的银行卡和驾驶执照从口袋里掉了出来。还没等我弯腰，一个距离我有 3 米远的男孩儿就迅速跑过来，并捡起我的东西递给了我。我很吃惊，同时也很高兴，我大声地谢了他，并看了看他的母亲。整个过程她都在注视着儿子，好像她和她的儿子两人共同完成的这件事。我确信这个男孩儿的好品质源于他母亲的引导和教育。很遗憾的是，现在很多父母看不到教孩子这些规矩有什么用，因此我们的学生几乎忘记了这些基本的善意举动。

过去，在教室里常常会发生一件令我恼火的事：一个学生的铅笔从课桌上滚了下去，没人帮他捡起来，于是这个孩子不得不起身走过去，再捡起来，而所有的人都视若无睹。后来，我给孩

看到别人掉了东西，要主动帮他拾起来

子们指出了这个问题，我说无论谁掉了任何东西，我都希望他们能帮助别人捡起来。他们做到了，后来就再也没有发生过类似的问题。过了一段时间，帮别人捡东西对他们来说成了一件再普通不过的事了。有一次，我们一起去时代广场看演出。有一位女士随手把一只空烟盒丢到了地上，我们班一个叫乔斯林的小女孩跑过去把它捡起来，递给那位妇女说道："这位女士，您掉了东西！"那位女士起初好像看一个疯子一样看了看乔斯林，然后就把空烟盒放回自己的口袋里了。好了，捡起别人的垃圾不是我真正想说的，但我想，它已经传递给那位女士一个重要的信息，这就足够了。

36 进门出门懂礼节

如果你开门进去或出来时有人跟在你后面，你应该扶住门。如果开门的时候需要拉的话，你就拉开门，自己站在一边，让别人先过去，然后你再走过去；如果开门的时候需要推，你就在自己走过去后用手扶住门，别松开。

孩子们在穿过校门口的时候常常拥堵在一起，过餐厅门的时候，自己过去后就不管身后的门了，门常常会“砰”地打在后边人的身上。我对这种现象观察了几个星期之后，就知道我必须要对学生们说点什么了。教孩子们一些小小的善意举止，像为别人扶住门，让别人先过去之类的，这看起来似乎是微不足道的小事，但它对孩子们了解如何尊重和重视别人大有裨益。如果我们不帮他们指出来，绝大部分人自己是很难领悟到的。我感到吃惊的是，对于诸如为别人扶住门这类最简单、最基本的举止，学生们都会提出很多细节方面的问题。比如，他们很想知道什么时间扶住门是合适的，他们应该扶住门多长时间，他们扶着门的时候是否需要说点什么，还有，他们扶住门的时候应该站在什么位置。孩子们渴望了解自己应该如何做，我发现他们在学习几乎所有的规矩时都是如此。孩子们想知道人们希望他们是个什么样的人，以及怎样对别人表示尊重。一是他们知道了应该怎么做，他们几乎就能把事情做好了。

37 “对不起”仨字很神奇

如果有人不小心碰到了你，尽管不是你的错，你也应该说：“对不起！”

在学校里，一次很轻微的碰撞，也能导致第三次世界大战的爆发。我在此要讲的是如何阻止事态向不良方向发展。我刚给同学们讲这条规矩的时候，心里也没底，不知道它能不能产生效果，但是在练习和提醒了一个月之后，一个比我壮实的大块头男孩儿，已经能左一个“对不起”、右一个“抱歉”了。

那一回，当我的学生坐上从哈莱姆飞往洛杉矶的飞机时，我已经先期抵达，在那儿等候他们了。校长助理卡斯蒂略夫人护送他们，同行的还有几位老师和家长。一个星期以前，我们就在班里练习过乘坐飞机的礼仪了。我将座位摆成过道，我扮演飞机上的乘务员，乘务员要解决问题、维持秩序并核对学生们的机票。即使这样，真的上了飞机时，在没有我随时提醒的情况下，我仍旧有点担心。到了机场，第一个从飞机上下来的旅客一边环顾四周，一边问道："那位克拉克先生在哪儿啊？"我想："噢，我的天啊！这些孩子都做了些什么呀？"然而，每一个从飞机上下来的人都想和我握手。他们说，当他们看到有一群孩子上来的时候，都想：这下可完了！但孩子们自始至终表现得有礼貌、懂规矩、令人尊敬。飞机上的机长甚至广播介绍我们这个班，说孩子们表现得如何好。尽管在天上飞的感觉并不是很舒服，可我们却越来越开心。

我认为最重要的一句恭维话，是一位女士对我说的："我想让你知道，我坐在头等舱。你一半以上的学生路过我座位的时候，都碰到了我的胳膊，但是他们每个人每一次都会转过身来和我说'对不起'。"

38 公共场所须安静

当我们集体外出，进入一座建筑物时，不能说话，甚至要安静到让人注意不到我们的存在。这同样适用于通常人们聚会的任何公共场所，包括电影院、教堂、剧院等。

我确信，绝大部分老师都会在带领孩子们外出或进入一座建筑物的时候，设法让他们保持安静。但是如果你在出发之前，就预先告诉孩子们你希望他们做到什么的话，这样会比你等到到了目的地再提要求要容易得多。在我们坐地铁、进餐馆或任何一个公共场所之前，学生们就都知道，我们将要像老鼠一样悄悄地走动了。几年来，我们给很多人留下了深刻的印象。大多数人在看到一大队学生进入建筑物的时候，第一反应就是，“快跑吧！”但是我们又常常令人们大感意外，因为在他们还没意识到的时候，我们全体人马就已经进来了。

在纽约，有一次我带全班同学去附近的时代广场看演出。我们到剧院的时候稍迟了一会儿，那里已经有 20 个班在排队等候了。

在任何公共场所，都要保持安静

其他学校的学生举止不太好，简直乱成了一锅粥。我告诉我的学生要排好队，保持秩序，不要像别的班的孩子一样。不久大家开始往剧院里走，那些学生还是一点秩序也没有。一位女士试图组织他们各就各位，但到处都是学生，而且大家都不知道该去哪里。我们班仍然坚守我们的纪律，悄无声息地排成了两个单列，然后鱼贯而入。我们在大门的附近，站在别人的后边等。突然，那位女负责人注意到了我们，并朝我们的方向走了过来。她问学生们，他们的老师在哪里，我举起了一只手，她说道：“很高兴见到你，从这边过来吧。”于是我们班被第一个带进了剧院，并且坐在了前排的座位上。

有时候，人们做了什么好事不一定都能给他人留下印象，尤其是他做这件好事的时候周围其实根本没人，他做好事是出自本心，而不是做给别人看，这就更值得敬重了。无论如何，此时此刻的这类表现，会更被别人赞赏和认可。

39 赞美之词挂嘴边

当我们外出考察的时候，就你参观的地方找些值得赞美的东西称赞一番，不失为一个好主意。举个例子，如果你去拜访一家人，你告诉他们，你觉得他们家的窗帘特别漂亮，这会是一个很友好的开场白。当有客人来访的时候，主人通常会感到有点紧张，你要想办法让他们放松下来。同样，如果我们参观一些地方，例如博物馆或剧院，你最好就建筑物如何美丽议论一番，也可以告诉导游，你认为这里的设备好极了。

每当我去学生家里家访的时候，我总是努力地让他们放松，尽可能地让他们感到舒适。一般情况下，他们都会花时间为我的来访作准备，于是，我也想让他们知道我很在意他们的付出，我很喜欢他们的家。每次一进门，我就会主动找出一些我喜欢或感兴趣的东西，然后让他们知道。这样有助于缓解紧张气氛，让他们感觉更舒服一点。

我几乎没带孩子们拜访过别人的家，但我会经常提起这条规矩，并让他们记住，在恰当的时候一定要赞美这个家。在一次旅行中，我们确实访问了一个重要的家庭——白宫。我的三个学生：

布赖恩、阿什利、卡依塔被依次介绍给总统。在我们等候进入椭圆形办公室的时候，学生们和总统的一些助理们聊天，布赖恩对其中的一位说道：“这个房间真可爱，这只画有解放战争场面的瓶子，真是太棒了！”所有的助理都被布赖恩的风度惊呆了，为他对整个房间所有艺术品的了如指掌所折服。在来白宫之前，这三个孩子就记住了这里所有的艺术品，白宫方面最后满足了他们希望逐一观赏的愿望。

当我们在进行这类实地考察活动的时候，我总要孩子们事先做好准备，对我们将要接触的人和事物有所了解，再举出一些东西加以赞美。也许有人会说我太不厌其烦了，但事实上，他们是孩子，我是他们的老师，他们需要这方面的训练。这样做的目的是为了让他们在离开我、离开教室以后，也能够学以致用。

40 开会更要守纪律

集会的时候不能说话，不能四处张望，也不能试图吸引其他班同学的注意。我们必须齐心协力给大家留下一个印象——我们是个集体，我们步调一致！

我记得，当我还是名学生的时候，我特别喜欢集会。然而作为一名老师，我却痛恨集会。它会打乱一天的安排，还会给学生们提供很多出轨的机会。事实上，这也是我作为一名学生喜欢集会的原因。

为了让这个过程变得更易于控制一些，我很详细地向学生们说明，当我们在礼堂开会时，我希望看到他们有怎样的表现。在实施这条规矩的第一天，我让学生们排好队走进礼堂，然后依次在我们指定的座位上坐下，脸朝前方，手放在膝盖上，不能放在扶手上。接着我便走开了，在礼堂里随意换地方，叫他们的名字，朝他们扔纸团，以及做任何能吸引他们注意力的动作。我就用这些方法训练孩子们坐着的时候集中注意力，脸朝前方，并保持安静。

40 开会更要守纪律

每当要参加集会之前，我就会提醒他们上述的注意事项，孩子们对于我对他们的要求也记得特别清楚。他们自始至终都保持着最好的表现，尽管他们经常坐在最乱的礼堂中部。

41 彬彬有礼打电话

在家里接电话的时候，必须做到礼貌得体。

除非你教过孩子们，否则，他们在接、打电话时会全然忽略应有的礼貌。我往学生家里打电话都记不清有多少次了，他们总是这样接电话 :“嗯哼？”或“喂？”每当我要找某个孩子家长的时候,那个孩子通常的反应是:“你是谁？”当我告诉他我是谁以后，他会一下子安静下来，但马上就会扯足了嗓门喊 :“妈，老师打电话找你！”

我告诉孩子们正确的接听电话的方法，让他们按下列步骤接电话。

第一步，说“你好”或“你好，这是克拉克家”。

第二步，打电话的人若问你妈妈是否在，你应该说 :“是的，她在。请问是哪位找她？”

第三步，告诉对方："请别挂机，我去叫她。"

第四步，将电话置于无声状态，或用手遮住话筒，然后告诉妈妈是谁在找她。

接电话的时候要事先准备好纸和笔作记录，如果妈妈不在房间里，电话应该像下面这样接。

第一步，说"你好"或"你好，这是克拉克家"。

第二步，打电话的人会问妈妈是否在家，你应该说："对不起，她不在。你想给她留个言吗？"

第三步，如果打电话的人不想留言的话，你要说："好吧，她大概一会儿就会回来。你过一会儿打来，也许能找到她。"

如果打电话的人想让你妈妈回电话，你要说："可以。我能知道你的姓名和电话号码吗？"之后，你要向对方重复一遍你记下的电话号码，以确保正确无误。对话结束的时候，你要说："她一回来，我就告诉她。再见。"

当人们往你家打电话的时候，他们能形成对你和你周围环境的整体印象。在电话的另一端，他们会通过对话在脑子里形成一个关于你的家庭和你家环境如何的图像。所以，我们最终要保证接电话的时候，不论对方是同事还是债主，是一位朋友还是其他任何人，都不会留下关于我们自己、我们的家庭和我们的房子的坏印象。

42 旅行结束表谢意

> 当旅行结束的时候，你要和每一个旅伴握手。你要感谢我们花时间带你出来，你还要让我们知道，你对能有这个出行机会感到很高兴。我不在意你是否感谢我，我关心的是你要学会在别人给你提供额外帮助的时候，你能恰当地表示感谢。

我记得在我成长的过程中，父母总提醒我要感谢老师，感谢童子军领队们，以及任何给予过我帮助的大人。如果我在一个朋友家过夜，我要感谢他们的父母允许我留下来，感谢他们给我做饭吃，以及感谢他们为我做的任何其他的事。我父母还告诉我，要在每次老师组织的出游活动之后，以及他们给予我特殊帮助之后感谢他们。不久，这便成了我的一种本能反应。

开始教书以后，我惊奇地发现，大部分孩子没有接受过这些礼仪教育。有些时候这会令我感到难受，因为我不得不在为他们做事之后，要求他们来感谢我，可我又必须训练他们习惯这种做法。经过很多次练习，仍然会有一些学生忘记感谢我和其他的旅伴。在学生们掌握这项礼仪之前，我们确实进行了不少强化训练。

在哈莱姆，一个叫泰龙的孩子是个例外。他的品行和学习在班里都不算最好，但每次领孩子们外出的时候，我都会毫不犹豫地带上他。因为每次旅行结束之后，他都会真诚地感谢我对他的邀请，他握着我的手，双眼热切地注视着我的脸，告诉我他玩得非常愉快，并对我为他付出的时间和精力表示感谢。他每次都不忘感谢我，所以外出旅行时我也总会带上他。

43 搭乘扶梯靠右站

外出活动需要乘自动扶梯的时候，我们应该站在右侧，把左侧留出来让给那些有急事、要赶着上下的人。在进入电梯、地铁或地下通道前，要礼让出去的人先行。

大学毕业后我去了伦敦，在那里，我为伦敦人在地铁里的礼仪所折服，后来在日本旅行的经历也给我留下了很深的印象。这两个地方的人都很在意给别人让路，尊重别人的空间。在自动扶梯上，人们都站在右侧，留出左侧的通道来给需要走动的人。在电梯门口，每个人都站在一边，让里边的人先出来，自己再进去。一切井然有序，系统自行运转。在日本，地铁门开之前，人们就已自动排成一个单列，然后鱼贯而入，绝无推搡的现象。在咱们的地铁中心站，人们会排好队、一个挨一个地上地铁吗？

今年我在全美很多地方旅行，我发现，很多时候人们在公共场所缺乏彼此尊重的意识。其中让我印象最深的是，绝大部分人不知道在自动扶梯上应该站在右侧，从左侧走动。由于我经常要

先下后上，井然有序

赶飞机或开会，每次在自动扶梯上都不得不快走，可扶梯的左边和右边都站着人。有好几次我真想大喊："站着的人到右边去，走动的人到左边来！"我确实想推广这套系统，感谢上帝，现在我可以给我的学生们解释这个系统是如何运转的。我希望他们能帮我加以推广，能让大家理解，尊重别人的空间是多么重要。

44 排列队伍要快、静、齐

排队的时候要随着队列移动，距离你前面的人两三步远，手臂放在身体两侧，脸一直要冲着前方，不能说话。

我在北卡罗来纳州上班的第一天，我清楚校长和其他老师都在看着一个生手如何驾驭一个纪律涣散的班级。校长曾提醒我，说这个班是如何不守规矩、难以管理，在前一天，我也曾目睹了他们吵吵闹闹地下楼去饭厅吃午饭的情景。我知道，今天我若想证明我能控制住这个班，首先就必须让他们排好队。

学生们开始站队的时候，他们有的说、有的笑，四处分散着，连有秩序的边儿都挨不上。我想我必须做点什么了，我要求大家的队列要站得特别棒，而且不得有一点声音，做到了才能去吃饭。很快我就知道我们确实要在这里站上一会儿了，因为没有一个孩子意识到我警告的分量。我告诉他们只要有谁说了一个字，所有人都要在吃饭前在这儿多站整整一分钟。这时，一个女孩儿说道：

"干吗？"我说："要多站两分钟。"有一个人嚷道："赶快闭嘴，我饿了！"我说道："好，又多了七分钟，我还没把缩写的两个字算进去呢。"大概30分钟之后，食堂的负责人布里利太太来找我们，她坚持要我们按作息时间表行事，她大概认为我一定会改变主意的，但我始终没有让步。最终当大家排着队进饭厅的时候，已经整整迟到了45分钟。我走在队伍的前头，回过头来就能看到整个班，队列里的孩子们没有一个人发出一点声音。路过办公室的时候，我发现孩子们的眼睛都盯着一边看。在这个时候，我不能左顾右盼地乱瞧，所以只好等着他们走过去再看，原来他们在看校长，而她正站在办公室的门口，吃惊地看着我们发呆。

时至今日，我可以保证我们班外出时，总能保持良好的秩序。孩子们排队行进时的样子就像小士兵。也许有人会说，这有点太军事化了，但是我认为孩子们其实喜欢这么排队，他们会为自己能把队排得这么好看而感到骄傲。

刚到哈莱姆的时候，我发现这里的孩子都习惯地排成两队，一队是男生，另一队是女生，两队挨着。这比站成一队要更容易乱，因为我认为站成一队更易于管理。让孩子们站成两队，彼此挨着，比较容易惹麻烦。我认识到，人要敢于向规则挑战，于是我决定不让孩子们排成两队了。我遵照学校的要求，但为保证队列更有型，我在其中加入了自己的一点改进：孩子们在行进过程中，要像走单列一样，每到门口准备进入的时候，离墙近的那一队先进，另一队要笔直地站在大厅的中央，留在那里等候我的命令，接下来我会说："每个人准备好……行动！"所有的孩子立刻会像个完整的整体一样，右腿迅速跨出一步，靠向墙边。看到孩子们在同一时刻步调一致地行动，会令人产生一种感觉，那就是：酷！然后我再发出命令："进入！"他们就整齐地进去了。孩子们喜欢这样。你可能认为，孩子们一旦被要求不准出声、遵守纪律和保持秩序的话，他们一定会产生反感，但事实上他们喜欢这样。在哈莱姆，我们学校的其他孩子请求他们的老师也让他们像我们班一样，排好队进入教室，因此一些老师也在他们的班级里推广了我们班的这种做法。

45 解决纠纷要冷静

排队时不要加塞儿。如果有人插到了你前面，一个字也不要说，随他去，只要告诉我一声，我就会来处理的。如果你非要和加塞儿的人理论，你也一样会有麻烦的，你这样做根本不值得。同学之间解决任何纠纷，都应该在自己着手处理之前，先带着问题来找我。

在我教书的头几年，我发现我教的孩子们惹的最大的麻烦，就是与另一个已经犯了错误的学生发生争执。举个例子，詹姆士排队时插到了乔的前面，乔非要和詹姆士理论，于是引起了整个队列的骚动。通常情况下，乔会很生气地大声嚷嚷。这样，他就会引起我的注意，那么他同时也就要有麻烦了。过去我一直想找到一种方法，能避免孩子们以不恰当的方法和手段自己解决纠纷。于是我告诉孩子们带着问题来找我，我能很平静地处理这些事情。我跟他们说，如果他们吵闹或争辩，他们受到的惩罚要比那个先犯错误的人严厉得多。

我知道，你们可能认为让学生们总是依赖成年人来解决问题，不是个好办法，孩子们应该学会自己解决纠纷。但我给他们定下了一个处理这类问题的原则，最基本的一点就是，这些学生知道他们不能因为别人的挑衅而做出激烈的回应，因为如果让我知道的话，我对他们的惩罚将比做错事的人更加严厉。因此，遇到问题的学生通常有两种选择：

第一，带着问题来找我。你可能认为这是最普遍的做法，但实际上不是。大多数孩子会选择第二种。

第二，他们不动声色地自己解决自己的问题。他们清楚自己必须悄悄地解决，否则我会因他们不能以恰当的方式处理问题而惩罚他们。于是,他们学会了以更加成熟和有条理的方式处理问题。

当你要和 30 多个孩子一周连续 5 天待在一起的时候，就必须运用各种方法使他们相互之间，以及对待各项任务时都能保持心平气和。在我尝试过的所有办法当中，这一个似乎是最为有效的。孩子们认为，在他们需要时请求帮助不失为好方法，但有效地自己解决问题则更加可取。

46 看电视时别说话

在电影院看电影时，无论如何都不能说话。我不在乎电影好不好看，也不在乎你想对你旁边的人说些什么，总之不能说话，耳语也不行。你也不能把脚搭在你前边的椅子上。在看电影的时候，如果你想吃东西，要尽可能安静地吃。如果你事先买好了零食准备在看电影的时候吃，要在电影开始前打开包装袋。在电影放映过程中，打开袋子会发出声音，从而影响别人。此外，在电影放映期间手机不调震动或静音，也是很不礼貌的行为。

对此，我总是感到很无奈，每当我向学生们提出看电影不要说话时，他们总是会有微词，问我为什么不能说话。还有，他们不明白，为什么在饿了的时候不能吃零食，或者在累了的时候不能把脚放在前面的椅子上。这说明他们并没有弄明白约束自己行为的意义何在。值得欣慰的是，我一旦让他们明白了为什么要这样做，他们就能立即按照我的要求行事。

在电影《惊声尖叫》中有这样一个场景，一个女孩儿在看电影的过程中一直不停地打手机，周围的人不断要求她闭嘴，而她却说："我和你们一样，都是花钱买了票进来的。"那个场景很滑

看电影时要保持安静

稽，但遗憾的是，许多人都持着这种态度。最近我和我的朋友埃里卡去看了一场电影，她知道我很在意人们在电影院里的举止，于是向我保证她会关掉自己的移动电话。当我们坐在拥挤的电影院里时，我听见埃里卡在轻声说话。我以为她在和她旁边的人说话，刚要轻轻推她，让她保持安静，却发现她在打手机。她看到我不高兴，便对我耳语道："怎么了？我都把手机调到震动状态了。"

让全世界的人都遵守电影院里的文明举止，也许是不可能的，但是我希望通过向孩子们指出正确的做法，从而使很多人看电影的经历成为一种更加愉快的享受。我第一次带哈莱姆的学生们去电影院的时候，从头至尾一直在制止他们说话。可学年结束时就不同了，我们去了另一家电影院，在看预告片的时候，我们后排坐着一家人，是一位母亲带着三个孩子，他们不停地说完一件事情，又扯另一件事情，我一直试图和这位母亲的眼睛对视，想用我的面部表情向她表示我的不满，但是她始终没向我这边看。我的学生们依旧安静地坐在那儿专心看电影，试图不受噪声的影响。最后，预告片放映结束的时候，一些学生对我说道："克拉克先生，咱们能换个地方吗？"我认为这个想法不错，于是我们全体 37 个人都站起来走到了过道上，转移到电影院里的另一个位置。我不能确定那位女士是否理解了我们的暗示，但重要的不在这里，而在于她和她孩子的行为是错误的。可仅仅在几个月以前，我的学生们还认为这很正常，而且，他们也会这么做。

47 特殊规矩有新意

别把夹心饼干带进学校。

虽然这条规矩在你看来可能毫无意义，而且与公众毫不相干，但是我的这 55 条规矩里可不能缺少了它。这是迄今为止被谈论得最多的，而且我敢肯定这条规矩引发的评论和猜测比哪条都多。首先我要告诉你，我是如何对学生们说明这一规矩的，然后我再向你揭示个中真相。

我告诉了学生们我童年时的一个故事。有一回我母亲给我和姐姐买了一袋夹心饼干，让我们放学后在看电视连续剧的时候吃。我姐姐塔西很贪心，她掰开饼干，只舔中间的奶酪吃，然后再把剩下的放回去，她知道这样一来我就不可能再把手伸进袋子里了，她就可以自己独占了。我强调了这件事情对我的影响，我告诉他们，直到今天我看到夹心饼干还觉得恶心。我说的是真的吗？不全是，我不过是想添加一点幽默的成分，让故事更生动罢了。在对这些规矩的讲解中加入些调料，学生们会更乐于接受。

这条规矩无疑引起了种种非议，每年都有学生埋怨他们不能带夹心饼干在午餐时吃，但是我不断警告他们。有一些人会试探我，或成心惹我。如果我看见他们带来了饼干，就会一脸不高兴地走过去，一把抓起袋子走到垃圾桶旁，再撕开袋子把饼干倒进去。有时候在班上，我注意到某个人的书包里露出了饼干袋子，我会回到黑板前，不动声色地继续正常讲课，然后出其不意地转过身来，对着全班说："都别动！"接下来我就开始抽动鼻子，慢慢地四处转悠。"别出声。"我假装鼻子把我引向正确的方向。"啊哈！"我突然"发现"了饼干，然后就拎着饼干袋子走到垃圾桶前扔了它。学生们都很兴奋，信不信由你，损失了饼干的学生也很开心。顺便说一句，在纽约有个传言：克拉克先生能从 15.24 米以外闻到饼干味。

有一些老师也在采用我的方法，他们后来对我说："克拉克先生，我告诉孩子们别带夹心饼干来，但我真不明白这是为什么。"我通常只是大笑，然后对他们讲这个故事。我告诉同事们，他们应该发展他们自己的第 47 条规矩，并且在其中加入他们的个性。我解释说，他们应该立下他们自己的规矩。

我最近带一些从前的学生去参加一个夏令营。我以前教了他们六年，之后还始终和他们保持联络，因此我们的关系十分亲密。途中我们在一家便利店门口停下来，我允许每个学生都可以买一份饮料和小吃。当我们回到大客车上的时候，我注意到一个女孩拿了一大袋饼干，面带诡秘的笑容。我迅速地从她手上抢过袋子，走到垃圾桶旁，用手撕碎了袋子。车上每个人都显得很兴奋。我对那个女孩儿说:“萨拜娜,你为什么买一袋夹心饼干?”她回答道:“我知道你会这么做，我就是想看你撕。”孩子们喜欢与众不同的、不寻常的事情,通过“作秀”,你不仅可以强化孩子们守规矩的意识,还给这些规矩添加了一些独特且让人难忘的元素。

48 遇到麻烦找老师

如果这所学校里的学生有谁故意招惹你，一定要让我知道。我是你们的老师，我在这里照顾你们、保护你们，我不允许这所学校里的任何人欺负你们，或者让你们感到不愉快。但我希望你们不要自己处理这些事情，让我来和这些捣蛋鬼打交道。

这是在班级中建立道德规范和家庭纽带的一个重要规矩。我希望学生们在学校里有安全感，也想让他们把我当成在必要时会为他们而战的人。有些人可能会说：“克拉克先生，你应该让孩子们学会自己战斗。”作为回答，我要说，我感到孩子们平时需要战斗的时候已经够多的了，如果我插手帮他们处理几场战斗，又能怎么样呢？我想如果我是学生，知道有人在我受欺负的时候会为我而战，我也会感到很宽慰的。

我记起我上六年级时的一件事，因为我错穿了利萨·泰珀的靴子，她非常生气，扬言要叫她的朋友来打我。我把这事儿告诉了我姐姐塔西，当时她在上中学，我们在同一个校园里上课。第二天，塔西来到我们教室门口，告诉我的老师伍拉德夫人，她要向利萨传达一个校方的重要通知。利萨走出了教室，回来时脸色煞白。我至今也不知道塔西对她说了些什么，但很显然这个口信不是来自校方，而是来自我姐姐。她解决了我和利萨之间的争端，从那以后，我再也没从利萨嘴里听到过一个不友好的词。

我希望我能对我的学生们的生活产生影响。我想让他们知道，只要我在这个班，就会保护他们。无论何时，只要我知道他们受到了学校里其他学生不论何种方式的欺负，我保证不会让这种状况持续下去，我会把它作为头等大事来处理的。只要有可能，我都会带着我的学生找到另一个学生，让他们面对面地解决问题。我记得在哈莱姆教书时，有一次，我的一个学生杰里米告诉我，有一个叫马克的孩子总喊他的外号。于是在课间时，我带着杰里米来到马克他们班的教室门口，把他叫了出来。我把我所听到的告诉了马克，然后听他的辩解。马克不承认他做错了什么，于是我抬高了眉毛，直视着马克的眼睛，然后逐字逐句地说道："好了，我不在乎发生了什么。我所在乎的是，今后不要让这样的事再次发生。我不是你的老师，但是我现在站在这儿告诉你，你眼前的这个人是我们班的学生，你不能再喊他的外号，也不能和他开恶意的玩笑或者欺负他。如果你敢，那就等着我收拾你吧。你明白了吗？"然后，我又看着杰里米，重复了一遍我对马克说过的话，让他也不要故意招惹马克，如果他对马克做什么的话，我就会找他的麻烦了。通过找两个学生谈话，我摆平了这件事情，让他们都得到了同样的教训。我可不想造成只偏袒我的学生的状况，如果这样的话，杰里米就可能不注意自己的言行了，另外，那样做也会在他和马克之间制造隔阂，而这会使情况变得更加糟糕。

从此以后，马克和杰里米之间再也没出现过任何问题。我敢说，这对杰里米来说意味着很多，我信任他，并且保护了他。这种来自大人的支持对一个孩子而言非常重要，它伴随着孩子的成长，帮他们建立起人与人之间的信任感。

49 坚持信念和主张

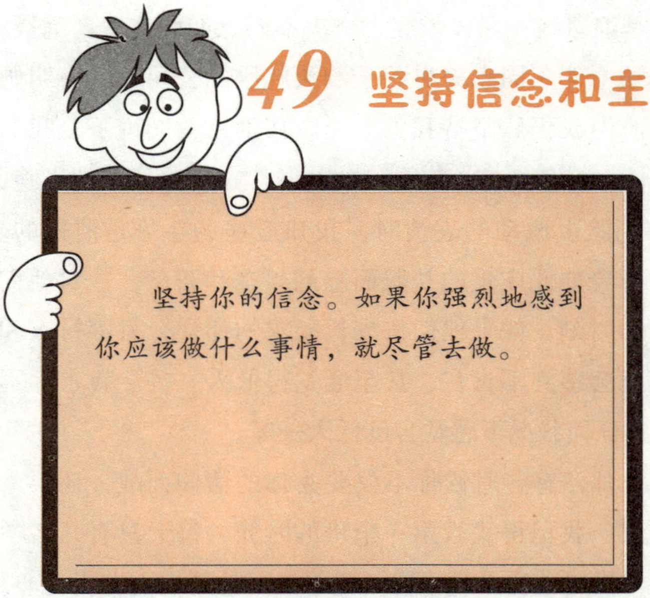

> 坚持你的信念。如果你强烈地感到你应该做什么事情，就尽管去做。

在我的一生中，已经数不清有多少次了，我想做某事，而周围的每个人都反对。我记得其中一次比较重大的决定，就是我想搬到纽约市，来哈莱姆教书。当时我的父母和朋友都认为我疯了，他们告诉我，这么做风险太大。可我有一种强烈的感觉，认为这就是我应该做的，于是我就去做了。事实表明，这是我所作过的最明智的决定。

我希望我的学生也有着同样的决心和信念。如果他们想做某件事情，或者对某个理想有强烈的渴望，我希望他们有勇气为自己的信念义无反顾地付出努力，并为他们想要做的事情而奋斗。

作为一名教师，我必须经常坚持己见。当其他人有不同的观点时，我不得不面对一场又一场的冲突。那次我和几个学生一起去领迪士尼美国最佳教师奖的时候，我希望男孩子们都穿上晚礼服，因为我不想让他们在其他男人都穿着晚礼服的场合感觉不自在。我从一家公司募集了资金，安排置办晚礼服的事宜，但是学校当局认为这是浪费钱，而校长呢，坚决不同意如此花费这笔钱。她希望我把钱还给那家同意为男孩子购买礼服的公司，并声明她不会改变主意。但我仍然坚持我的立场。在别人的劝说下，我们终于使校长相信，男孩们应该有自己的礼服。在颁奖仪式的当晚，当我看到男孩们脸上激动的表情时，我知道这场斗争是值得的。他们都对自己身着如此庄重的礼服而感到兴奋和骄傲。这对他们来讲是个特殊的时刻，如果他们按校长要求的那样，只穿衬衣和便装裤，他们就会感到不自在，甚至会觉得低人一等。我永远不想让我的学生在任何状况下感觉自己低人一等。

作为一名教师，有些时候你不仅要为你的信仰而战，还要为你说出的话而战。我记得我教第一个班的时候，每天只有几名学生交家庭作业。我知道我必须采取一些手段，教他们更有责任心。我发给每个人一小张蓝色的纸片，并且告诉他们，第二天如果谁不把它交回来，放学以后就要留校一小时。这主意听起来似乎有点奇怪，但我这么做有我的道理，因为我必须用某种方式引起他们的注意，并且以此确保他们每天都完成家庭作业。如果某天的家庭作业就是要求他们还回来一小张蓝色纸片，那也无所谓。从根本上说，这是一个关于责任心的作业。当然了，学生们不理解其背后的原因，可是我在其中注入了对放学后不让回家的恐惧，而且他们知道我是认真的。此外，我和他们谈到，我们的班级是一个团队，我们必须共同完成这个作业，我对孩子们说："你不想成为那个忘记交回纸片、而使我们全班不能圆满完成家庭作业的学生吧？"

第二天，几乎每个学生都带回了他们的纸片。准确地说，一个学生除外。那个学生叫南茜，她正好是班上最聪明、表现最好的女孩儿。南茜平时很安静，也很讨人喜欢，而且每次都按时交家庭作业。我真的很不情愿把她留校，然而全班都在看着我如何处理这件事情，如果我不罚南茜留下，学生们就会对我的话失去敬畏感，因此我不能出尔反尔。于是，我让这个眼睛里噙着泪水的孩子带回去一张第二天留校的通知。

第二天早上，当我走进学校的时候，我婶婶卡罗琳——她是学校的秘书——拦住了我。她带着一副恐慌不安的表情看着我，并且操着她的南方口音说道："罗恩，回家吧，就说你今天病了。"我问她到底怎么回事，她告诉我，南茜的母亲正在办公室里发着火呢。尽管我想听从婶婶的建议回家去，但我知道我必须面对这一切，并且要主动去校长办公室报到。我走进大楼的时候，不断地问自己："罗恩，你想什么呢？把一张蓝色纸片当成家庭作业，这多荒唐！"我走进办公室的时候，那位母亲——伍德森夫人狠狠地瞪了我一眼，我吓得要死。校长罗伯逊夫人让我们两个人都坐下，她分别给我们俩机会，让我们说出各自的想法。伍德森夫人先开口，她说南茜因为留校的事哭了一个晚上，还说南茜是个模范学生，总是按时完成所有的作业，从未违反过纪律，她感到因为丢失了一张蓝色纸片而受到惩罚是荒唐的。显然这位女士十分愤怒，而我坐在那里，被眼前的一切吓得半死。我感到泪水在眼眶里直打转，但我一直强忍着没有哭出来。有好几次，如果罗伯逊夫人让我开口的话，我肯定会像个婴儿一样号啕大哭起来，幸运的是，她没有叫我开口。

仔细考虑以后，罗伯逊夫人提议给南茜一个额外的书面作业来代替留校，但是我不同意。我知道班上的每个孩子都在看着南茜是否会被留校，我不能出尔反尔，我需要让孩子们知道我是言出必行的。另一个建议是罚南茜一天吃午饭的时候不许说一句话，我再次坚持了原来的立场。最终，在罗伯逊夫人的支持和温和说服下，我们使南茜的母亲相信，留校措施必须执行。不必说，伍德森夫人很不高兴，而且她可能到现在也没有忘记这次不愉快的经历，但是从所有方面来说，这都是绝对必要的。南茜最终被罚留了校，我们班在随后的 23 天里，每个孩子每天都能交回一张纸。我把交家庭作业转变为一场挑战，看看孩子们能够持续完成作业多少天。这招还真管用，我告诉他们我相信他们能够做到，而他们都做到了以后，我就为他们欢呼，还会跳上课桌，又唱又跳。当然，他们都按时交作业的部分原因是害怕被留校。另一些教师也采用了同样的策略，但是不怎么成功。我使那些孩子对自己和他人负起责任，让他们知道我在支持他们，并且信任他们。然而如果我没有信守我说过的话，这一切就不可能发生。

有时候，坚守你的信念是很困难的事，尤其是在只有你一人持有这种信念的时候，你会感到更加孤独。我只希望我能给我的学生们逐步树立一种信念，就是他们对自己，以及他们所做的事情要有足够的信心，有勇气为自己的信念、主张和梦想而努力。

50 烦恼没啥大不了

保持乐观的态度，愉快的心情享受生活。有些事情根本不值得大惊小怪。学会为每件事作好准备，去追求生命中的美好。

我爱我的父母。他们是如此出色，并且充满了智慧。每当我遇到困难或挫折时，他们总能悉心开导我，使原本看似糟糕的局面好转了很多。他们常说：“罗恩，这是常事，没必要大惊小怪，我们相信你一定能够克服困难。”你不知道此言一出，对于我是多么大的安慰。

记得有一次，母亲开车送我和姐姐上学，我们的汽车两侧突然冒起烟来。母亲马上靠边停车，下去看是怎么回事。这事发生在很早以前，当时还没有手机，于是母亲沿街找到一家小酒馆去打电话。虽然当时情况紧急，但母亲的情绪一直很镇定。后来父亲赶来了，他并没有因为要向单位请假来接我们、把汽车送去修理而抱怨和恼怒，而只是面带笑容地送我们去学校，然后再回去设法把汽车送去修理。他们平时总能保持这种乐观态度，无论我们面临的问题严重与否，他们从来不会表现出消极和不满情绪，或者达到失控的地步。

我深爱他们的主要原因之一就是，他们始终用宽容、理解和平和的心态看待世界。他们即使身处逆境，也依然保持着积极乐观的态度。我自己也在努力培养这种品质，并且以此来影响我的学生。

最近，我向以前的一位领导提了些意见，这使她大为恼火。我的性格就是希望大家都相安无事，最烦别人跟我闹别扭了。我不想向她道歉，因为她曲解了我的本意。这件事弄得我心烦意乱，当我为此请教母亲时，她建议我给那位领导写信或打电话进行解释。我决定双管齐下，先写了信，后来又打了电话，但都未能奏效,那位领导还是有意地冷落和疏远我。这事儿后来一直困扰着我，我又去找母亲求救，她颇为明智地指出：“罗恩，你现在应该是一身轻松才对啊。你做得很好，电话你也打了，你已表现出主动的姿态。现在包袱已不在你身上，而是背在她的身上了。如果她愿意背下去，就随她去吧，但我希望你能甩掉烦恼。”

我母亲说得对，我们不能被烦恼击倒，我们必须认识到有些事情无法改变，有些时候问题也不那么容易解决。最好的办法就是尽我们所能，放下包袱，继续前进。

51 梦想面前别犹豫

既然想做一件事，就只管去做，不要犹豫。永远不要让恐惧、怀疑或别的什么困难阻挡你前进的步伐。你想得到什么，就要全身心投入地努力去获得；你想做一件什么事，那就动手去做，不达目的决不罢休；你想成为一个什么样的人，就要创造一切条件去实现目标。

我最害怕的事情就是我将来会为自己曾经那样生活而后悔。在我 21 岁的时候，我得知自己还有一个从未见过面的亲人，于是就十分想见他。经过数月的犹豫徘徊，我最终决定过一周去看望他。遗憾的是，他就在那个星期日去世了，对此，我痛心疾首。我一直有点害怕去见他，结果悔之晚矣。我陷入了深深的自责中。那时我认识到，虽然我从未见过这个人，但他却给我上了人生最重要的一课，那就是，在生活中，永远不要怀疑自己的选择和决定，这也是我具有现在的人生态度的重要原因。在他去世之前，我一直想去旅游，但又怕坐飞机。经过这件事之后，我意识到我不想再为错过任何事而后悔。于是我开始周游世界：小住伦敦、游历欧洲、感受日本。我庆幸自己这样做了。我深知，如果回首往事，我没有去旅行、游历，那我的生命就是不完满的。

我把这个故事和其他相似的故事讲给我的学生们听，因为我希望他们真正懂得，他们应该尽力充实自己的生活，什么也不能阻止他们实现自己的梦想。

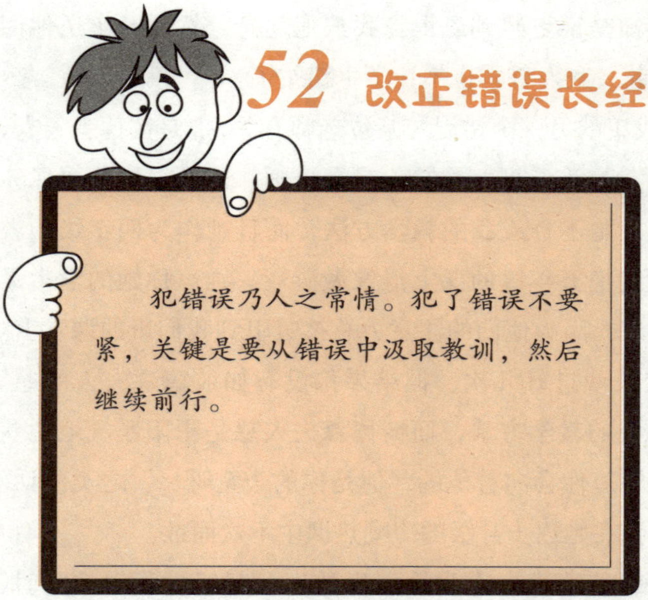

52 改正错误长经验

犯错误乃人之常情。犯了错误不要紧，关键是要从错误中汲取教训，然后继续前行。

我们不过是普通人，同样都有做完某件事之后后悔的时候。我第一年教书的时候犯过错误，等到第七年的时候还在犯错误。我相信，就算教了 30 年书，我也还是会出错。你不能因为出了错，就认为自己一无是处。你必须振作精神，从错误中汲取教训，然后继续前进。

我第一年教书，班里的学生特别难管。为了让他们上课时注意听讲，我不得不把几个捣蛋鬼的座位调开。我甚至在教室墙角处开辟了隔离区，闹得太出格的，我就让他到隔离区罚站。一天下午 1:30，我让一个叫杰迈尼的学生罚站，然后就接着上课，而且非常投入。下课铃声响了，放学后，学生们纷纷离去。我一屁股坐了下来，只觉得精疲力竭。我开始判试卷，大约 3:15 的时候，我突然听到“扑通”一声巨响。我“噌”地从座位上跳了起来，两眼投向声音发出的那个角落，只见杰迈尼躺在地上，他刚才居然靠着墙睡着了，不知不觉地又慢慢顺着墙滑倒在地。那一刻，我和杰迈尼不知是谁更感到恐惧！我扶他起身，然后开车送他回了家。从那天起，我发誓再也不让学生罚站了。

那一年，我犯的另一个错误与某位老师有关，那是彼德森夫人，她们班教室正对着我们班。她是一名老教师，而且很快就要退休了。毫无疑问，她不赞成我的教学方法，而且她作为四年级的教师，尤其不满我把五年级的课上得像做游戏。她声称她的学生无法集中精力听讲，因为他们的注意力总被吸引到我们班的课堂上。我们就此跟校长谈过好几次，但结果都没有如彼德森夫人的愿。校长支持我和我的教学方法，而彼德森夫人总是阴阳怪气地说些诸如“我早就知道你会向着他的，他是你的金童呀！”之类的话。我们的谈话总会在她逐步升级的冷嘲热讽中不欢而散。

一天下午，彼德森夫人和她们班学生一起经过我们教室时，她扔进来一只网球。我在班里成立了网球队，想必是他们把网球落在了球场上。彼德森夫人把头伸进我们教室，说道：“克拉克先生，您把网球丢在了球场上，这要让我的学生踩上，再崴了脚，您恐怕就得被传唤到法庭上了吧，您说呢？”我回应道：“您刚才把球扔进我们班，要是砸在了我们学生的眼睛上，您恐怕也得上法庭了吧，您说呢？”我现在认识到这样做很是过分，我本应以完全不同的方式处理这种问题，但我几乎与彼德森夫人陷入了“冤冤相报”的怪圈，而我当时又没有经验跳出这个怪圈。

当天下午，我听见有人敲门，打开门后发现地上放了只绿色的包。我捡起包进了屋，还不无得意地说：“准是孩子们又送礼物了。”当我打开绿包时，只见无数只飞蛾、蛐蛐争先恐后地蹦了出来，到处乱飞，蚯蚓、鼻涕虫还有臭虫撒了一地。我把绿包放在了特马汝的桌子上，真把他吓坏了。包上没有姓名，但很明显是彼德森夫人干的，因为她热爱科学，还在屋里养了各种昆虫和小动物。我们班的孩子们当然认为这无异于抽了他们一个嘴巴，于是急于报复。我向他们保证，我们会有报仇的那一天。

第二天，彼德森夫人的班吃午饭时，我和学生们找到了一些我做实验用的洋葱。我们把洋葱切成两半，再把它们捣碎，我轻手轻脚地走进彼德森夫人的房间，把洋葱屑洒在了她的顶橱后边。

两周过去了，洋葱的事我早就忘得一干二净了。有一天，我发现彼德森夫人在往桌上喷洒草莓清新剂。我走进她的房间，问她在干什么。她用特有的沙哑嗓音说道："什么东西这么辣眼睛，怎么也找不着。"彼德森夫人桌上摆着一盆她喜欢的棉类植物。我别有用心地说："我看是你这盆棉类植物吧。"她反驳道："你说什么呢，小金童！棉类植物不会辣眼的。"当天下午，我看见她把那盆植物扔进了垃圾箱，她显然开始相信我说的话了。我当时对这个玩笑感到特别得意。直到有一天下午我从学校回家，在我的汽车的缓冲器上发现了很多洋葱片。看来这回她终于找出"辣眼睛"的原因了。

我可不想让彼德森夫人看我的笑话，于是从汽车上把洋葱刮下来拿回了家，再把洋葱加工提纯后倒入一只小瓶里。第二天早上，我肯定是第一个到校的，我把洋葱汁倒入彼德森夫人装草莓清新剂的瓶子里，然后在她屋里到处喷洒。

彼德森夫人一走进屋就猛然收住了脚步。她知道我又把洋葱放在什么地方了，但她无论如何也找不到怪味的源头所在。那天上午，我一直强忍着不笑。后来她率众弟子把屋子翻了个底朝天，试图找到洋葱。同时还在不停地玩命喷她的"草莓清新剂"。

此事过后不久，学校里一名叫苏黎士的老师跟我聊天，谈起一些我所不知道的有关彼德森夫人的事情。她本来善良而且慷慨，但由于生活上的种种变故，她对老师这个职业不像以前那样充满兴趣和热情了。苏黎士夫人说，彼德森夫人不喜欢我的一个原因就是她也想像我那样讲课，却不知道用什么方法。而且她也希望孩子们能喜欢她，就如同孩子们喜欢我一样，但又苦于没有良方。苏黎士夫人的话令我茅塞顿开，我突然意识到，我本来可以通过很多方式与彼德森夫人化干戈为玉帛，并与她合作在我们两个班里搞点科技项目什么的。我承认理科是我的弱项，我和彼德森夫人正可以互相取长补短。我还可以像恳请其他老师那样，求得她的帮助。我本可以让她觉得自己为我所需要，我也本应尊敬她，可我却把事情弄得雪上加霜，尽管我也从错误中汲取了教训。

有些时候，两名教师或任何两个同事之间难免会有些磕磕碰碰，其实只要彼此谦让一步，事情就能海阔天空。请同事帮忙或出个主意，对缓解紧张气氛有特别的作用。自从经过与彼德森夫人的矛盾冲突之后，我学会了去欣赏所有老师的见解、技巧和才华，这些都有助于我成为一名优秀的教师。我们必须学会彼此欣赏、相互尊重。

老师之间出现不和的另一个危害是容易对学生造成不良影响。就在洋葱事件发生的第二天，我看到彼德森夫人告诫我们班一个学生不要在楼梯上猛跑。那个学生看了她一眼，就像看一个疯子一样，然后自顾自继续跑下楼去。我立刻追上这个孩子，开导了他一番。对我说的话，他也许不会很快忘记，但问题是他不尊重彼德森夫人，而这又是由于我平时对彼德森夫人的态度和评价造成的。老师之间关系紧张，学生会有感觉，他们会感到不舒服。而如果老师之间和睦相处、互敬互爱的话，学生也会感到心情愉快，并在这种氛围中不断进步。我的同事芭芭拉·琼斯和我相处得很好，我们在一起总有笑声，总是互相鼓励、互相支持。学生们也愿意和我们在一起，因为和我们在一起时，他们会更加朝气蓬勃。我们应该为学生们创造这种好环境。

让学生罚站之类的错误也是生活中在所难免的。无论我们的经验多么丰富，这类错误还是会发生。但有一点毋庸置疑，即经验能使我们少犯错误。教书的时间越长，我犯的错误就越少。随着岁月的流逝，即使真的出现失误，我也能更为妥善地处理它们。

错误总是不可避免的，关键在于正视错误，并从中汲取教训。

53 诚实品质最可贵

> 不管情况怎样，要永远诚实，即使你做错了事情，也最好向我承认，因为我欣赏这种态度。由于你的诚实，我会忘记对你进行惩罚。

有一天，一位家长来到我们班教室门前，想跟我在大厅说句话。我走出教室，并告诉全班做好饭前准备，不要说话。我跟那位家长说了几分钟后回到教室，让孩子们排队。当孩子们从我身边走过时，很多同学低语道：“坎迪和格里尔刚才说话了。”我没有马上批评她们俩，但等她们俩走出教室时，我把她们叫到一边，准备跟她们谈话。我弯下腰，盯着她们的眼睛说：“姑娘们，我知道我可以信任你们俩。请你们告诉我，我在大厅的时候是否有人在教室里说话？”坎迪摆弄着自己的头发说：“噢，没有，克拉克先生，您应该为每个人感到骄傲。我们一直着准备午餐，没人有时间说一句话。”我看着她问：“你确定吗，坎迪？”她回答道：“噢，是的，克拉克先生。我从不撒谎，因为我妈妈告诉我撒谎是不对的。

我特别尊重您，不会跟您说谎的，而且我也读过《圣经》。”这时，我把脸沉了下来，说道：“好吧，两位小姐，跟你们说实话，我刚才在教室外面听见你们俩都说话了！”格里尔顿时脸色煞白，她说：“对不起，克拉克先生，我是说话了。”我说：“好，感谢你说实话。格里尔，去饭厅吃饭吧。”坎迪也立刻改口道：“克拉克先生，对不起，我也说话了。我现在可以去吃饭了吗？”坎迪可不能那么轻易就过关了。“坎迪，”我说，“你刚才在这儿告诉我你没有说话，你绝不会说谎，因为你的母亲教导你不能说谎。你还说你尊重我，还读过《圣经》，我看你还能为自己辩解什么，小姐！”坎迪呆立了几秒钟后，轻声地说：“哦，我没有看完《圣经》。”

说实在的，这就是能把握教学的关键所在。开学第一天，我反复跟孩子们解释，即使有时讲实话会遇到一点小麻烦，但还是值得的，说明你良心未泯。我告诉他们讲实话非常重要，因为此举能赢得别人的尊重和信任，而这两种荣誉应该伴你一生。

我总是奖赏诚实的行为。有时候学生做错了事，我并没有批评他们，因为他们承认了自己的错误。我认为，这一点是最重要的。

安托肯娜是个调皮的女孩。我印象最深的是有一次和她在饭厅过招。有些学生告诉我她排队加塞儿，于是我走到她身边问她是否属实。她嘴上说没有，但眼珠却转来转去。我说：“那好，我再问你一次，这回我要你讲实话，你是不是加塞儿了？”她还是回答：“没有！”我本来可以罚她排到队尾去，但我想让她自己承认。于是我躬身低头，使劲盯着她的眼睛说：“安托肯娜，只要你不承认加塞儿，这一排人就都甭吃饭。”一刻钟过去了，她还固执地站在那里，这时她身后已排上三个班愤怒而饥饿的学生了。我们彼此对峙着，我知道我需要再作最后的尝试。“安托肯娜，你最好实话实说，让上帝爱你。”这是南方人常说的一句话。在安托肯娜居住的地区，宗教是他们生活中的重要组成部分。这句话确实触动了她，她睁大眼睛说道 :“我是加塞儿了。”我只是说 :“谢谢你讲实话，去吃饭吧。”

无论你相信与否，我很乐于和那些过去有点小问题的学生打交道。安托肯娜无疑属于这类学生。我们至今一直保持着联系。我佩服她的勇气、胆量和决心，尽管别人对她颇感头疼。我在学校组建了网球队，也把她招至麾下。她的态度很快发生了改变，人也变得快乐起来，能够尊重学校里的老师。我永远也不会忘记与她相处时所获得的快乐，看到她在我的帮助下发生了可喜的转变，我非常高兴。在我教过的学生中，她是我的得意门生，这一点千真万确。

54 抓住现在这一刻

> 要把握机会，今天只有一次，所以不要轻易浪费。生命由很多特殊的瞬间构成，而在这些瞬间里所发生的事情，是由于人们将各种禁忌抛在脑后、抓住机会将梦想付诸行动而成就的。

这一个细节听起来很像第 51 条，但是在我的眼里，它们完全是两码事，所以我把它们分成两个部分来讲解。第 51 条讲的是过你想过的生活，而这一条是关于生活要过得充实、珍惜每时每刻的。

这个论点，我的学生每年大概要听上一千遍。这是我作为一名教师和一个人的价值观的体现，也是我的生活方式，以及我对学生所寄予的希望，我希望他们能够知道它的重要性，它可以使你生命中的每时每刻都充满意义，绝不虚度。最近我带着一个由九名学生组成的小组，由哈莱姆到北卡罗来纳州进行为期一周的活动。我让他们坐上了一辆带篷的卡车，就踏上了征程。我心里明白，这次旅行将会改变他们的一生。在离开纽约之前，我对孩子们说："我们将过挑战极限的一个星期，我们过的每一天都将是最丰富的。在北卡罗来纳州，你想做任何事，只要你能抓住机会，我都希望你去做，哪怕它是全新的、完全不同的，或者是令人心惊肉跳的事。"我和他们定了一个"合同"：在这一周期间，我们都要实施"把握现在"的哲学。他们确实没让我失望，那些有恐高症的孩子攀了岩，没有下过水的孩子学会了游泳，没吃过烤猪肉的孩子尝了烤猪舌的滋味……他们都做到了！这是疯狂的一周，充满了冒险、趣味和全新的体验。我们在游乐园结束了这一周的活动。我呢，不喜欢坐过山车，一提坐这东西我就吓得要死。由于害怕，我差点想临阵脱逃。那样的话，我将是令大伙儿失望、自我食言的家伙。实在没办法,我太害怕了。我的一个学生看着我，引用了我曾经对他说过无数遍的一句话："克拉克先生，你最好充实地活着，要不然就充实地去死。"

这无异于抽了我自己一记耳光。我发现我自己和身边的每一个孩子，在每次旅行中都相处得十分融洽。在那天之前，我从来没有喜欢过游乐场，但是因为我选择抛却了恐惧而充实地活着，所以我爱上了在这里度过的每一分钟。这个星期，我们大家都过得十分充实。

多么美好啊，我们过着一种没有遗憾的生活，我们有充分的自由去尝试新的事物，体验我们未曾体验过的事情，勇敢面对自身的恐惧。对于很多成年人来说，外出旅行、尝试新事物是很难的事，但是孩子们更愿意解除禁忌，过一种完全真实的生活。如果在他们年少的时候，我们能够教会他们心存这种信念，那么他们将有希望在自己以后的生活中永远拥有这种信念。

55 七件事情伴一生

在一生中，有些时候你会感到孤独，有时会感到伤心，有时你还会发现你的生命中失去了什么。每个人都要经历痛苦和烦恼。然而不论情况多么糟糕，都要确保自己一直朝着你理想的方向发展，成为你周围最受欢迎的人。重要的是，不要让外在因素干扰你的成长，影响你的成长方向。让你的一生中，永远有七件事情相伴：笑、家庭、历险、美食、挑战、变化和对知识的追求。有了这些元素，你将快乐地成长、懂得享受生活，并且最终会为自己而感到自豪。你还能站在一个更好的位置来帮助其他人，给别人出主意。要善于从你自己的错误中学习，这样，你会成为一个更加强有力、更加健康和快乐的人。

与学生相处的几个技巧

日记摘录

我无法入睡，明天是开学的第一天。现在是凌晨3:30，我心情紧张，难以入眠。即便睡着了，我也许还会继续做梦。我梦见我不知把我们班丢在了学校的什么地方，找不着了。我在楼梯上跑来跑去，惊恐万状，因为我把全班孩子给丢了，没人照看他们了。最后我终于找到了孩子们，可他们实际上一直待在教室里。从没离开过。是我自己迷糊了，不知道自己身处何地，不是学生的问题。我走进教室，看见校长已经发现我们班没有老师上课，她站在讲台前面，双臂环抱在胸前，面带不满的神情。

一场噩梦！

我知道自己做梦的原因是由于我害怕自己管不了学生，担心自己不能胜任教师工作。我害怕学生不喜欢我，害怕他们根本就不听我的，而我也无法接近他们。一想起我将面临的失败，我就害怕得要死……

以上这段文字是我日记中的节选。你可能认为这是我初当老师，在上班前一天晚上写的，其实不是，这是我教书第七年开学的头天晚上写的日记。和孩子打交道是一件耗费精力的工作，无论你多么训练有素、经验丰富，也总会担心，甚至害怕出现失误。这一点不难理解，因为世间责任最重的事情莫过于教育孩子。无论是家长、教师，还是社区的普通成员，都肩负着为孩子树立良好榜样的重任，需要激励他们去获得成功，并不断提高生活质量。

与学生相处的几个技巧

在与学生相处的过程中，我渐渐学会了如何把握火候，如何根据不同的情况采用不同的方法。我确信的一点是，当你与孩子相处时，头脑要机敏。我总结出了孩子所共有的四个特点。

1. 孩子需要并且喜欢组织

学生喜欢有安全感，愿意有一个权威来控制局面。我发现有些老师，包括家长，为了赢得孩子的好感，对待他们过于宽松了，结果却适得其反。一年级的老师对我讲，他们不想对学生太严厉了，因为他们希望学生喜欢自己。我想，刚一开始时学生们或许会喜欢那些老师，但到最后往往就失去了对他们的敬意。最好的结果应该是让学生既喜欢你，同时又能尊重你。为此，你必须在班级里建立一种组织概念和明确细致的规则，同时必须让学生感到安全、舒适。

2. 如果孩子喜欢你这个人，他们就会为你而努力进步

制定严格的纪律会为你赢得尊重，然而，还是会有些孩子不喜欢你。要想让孩子喜欢你并不是一件容易的事。每年暑假期间，在没见到新学生以前，我会给他们写信，并总是随信寄去很多照片，虽然新学期尚未开始，但他们对我和我的个性已有所了解。开学第一天，我用幻灯片向他们作自我介绍，还有我曾经游玩过的地方。我还用幻灯片向他们介绍我在他们这个年龄时的情形。我想让孩子尽快与我建立起联系，让他们了解一个真正的我，而不仅仅是把我当作他们的老师。

我让孩子们喜欢我的另一个方法是想方设法吸引他们的注意力，无论这样做会让我觉得自己多么愚蠢或尴尬，和他们在一起时，我从不怕出丑。既然想赢得学生的心，牺牲一点尊严也是值得的。我还记得小时候，每天晚上妈妈是如何哄我上床睡觉的。她给我脱袜子时，假装使劲脱，可就是脱不下来，她把袜子一点一点抻长，

那时她的脸上会浮现出我所见过的最美丽的笑容。最后袜子飞到了一边，妈妈也飞快地翻身上床。她这样做看起来是不是有点傻？是有点儿。我是不是喜欢她这样做呢？当然喜欢了。我站在讲台前会绝对放松、无拘无束，有时做个鬼脸，或假装突然跌倒在地，只要能赢得学生的心，我愿意做这些事。

为了让学生喜欢我，我所做的有些事也许会令人感到奇怪。开学第一天，我会向他们发表演讲：

“我不在乎你们是否喜欢我，真的不在乎。我教书也并不是想跟诸位交朋友。我的朋友不少，少交几个也无所谓。假如你们大发脾气，甚至在心里咒骂我，我也不在乎，因为我教书的目的并不是让你们喜欢我，而是让你们学有所成。我关心在座的每一位，并会努力使你们受到最好的教育。为达到这个目的，我想让在座的每个同学知道，我会尽我所能，无论什么都无法阻止我实现这一目标。”

这段演讲听起来似乎有点刺耳，但意义重大，因为我首先要让孩子们知道，他们不能在课堂里为所欲为，但同时他们也知道我在关心他们，我会努力使他们受到最好的教育。我把我的优势展示给学生们，也为今后一年的教学工作做好了准备。我演讲中最有意思的一点是，一方面我极力告诉学生，我不在乎他们是否喜欢我，但同时我又将竭尽全力做一名他们喜欢的老师。我一边给他们放幻灯片，一边手舞足蹈，甚至站到椅子上唱歌、表演，只要你能说得出来的我全会去做。

我想不想让孩子喜欢我呢？当然想，这是毫无疑问的。我能让他们知道这一点吗？不，当孩子们知道你想让他们喜欢你时，你等于让他们抓住了“把柄”，结果他们很可能利用这一点而无所顾忌。要让他们知道，如果他们不喜欢你，或不给你面子，你对此也毫不在意。你不能过分严格地要求孩子，那样你就无法真正去爱他们；如果你无法爱他们，也就不能严格要求他们。这两方面是相辅相成的。

3. 孩子们想知道别人希望他们怎么做

期望孩子完完全全按你的意愿行事，这一想法是不现实的。孩子就是孩子，很多对于我们成人而言是习以为常的行为，对孩子来说往往是陌生和新奇的。我发现，任何一个小孩，如果你告诉他希望他怎么做，他就会尽最大努力达到你的要求。当孩子犯错时，他们经常会问："我怎么了？"或者说："我没干什么呀。"他们确实不明白自己哪儿做错了。假如他们不懂得自己的行为是不正确的，那又如何要求他们不去做呢？我们在告诉孩子我们希望他们如何表现和行事的时候，必须要提出具体要求，使孩子能够分清是非。

在当老师的头几年，一旦发现孩子犯错，我便会立即惩罚他们吃"寂寞午餐"，或课间不让他们休息。像泰固德·约翰逊，每当他犯错受罚时，总是愁眉苦脸、极不情愿地按要求去做。后来我发现这样并没有使孩子们受到任何教育。很多情况下，孩子们不理解他们的行为为什么会让我感到恼火，也不明白自己到底哪儿做错了。最后我开始挨个跟孩子们谈他们做的错事。第一句话我总是要说："告诉我，你觉得你哪儿做错了？"或者是："告诉我，你觉得我为什么会生气？"这样有利于孩子了解自己的过失。一般情况下，对于所发生的情况会出现两种截然不同的观点，如果你不仔细说明你生气的原因，那学生会继续掩饰自己受到惩罚后所产生的愤怒和反感情绪。孩子们当然想知道别人希望他们怎么做，他们犯错以后，重要的是要向他们解释为什么他们做得不对，以避免今后再犯。

4. 孩子们希望知道他们受到了怎样的关心

我第一年当老师时，有一个叫雷蒙德的孩子，他是个做事没有规矩的调皮鬼，常常在班里带领另一些孩子不服从老师的管束，也影响了全班同学。我深知，如果我能设法接近并控制住他，就将对控制全班起到重要作用。一个星期五下午，雷蒙德用趾高气扬的语调告诉我，周六和周日两天他都要参加校篮球比赛，所以不能完成周末作业。我并没有跟他当面理论，而是问清了比赛地点，亲自去了赛场。雷蒙德看见我时吃惊不已，问我到那儿干什么去了，我告诉他，我是去为他助威的，他根本不相信这是真的。整场比赛过程中，每当他进球、断球、投篮时，他总要侧目瞅瞅我是否在看着他。我那天的到场观战使雷蒙德备受感动，到星期一上学时，他不仅把作业全部做完了，而且做得正确无误。雷蒙德后来成了一名模范学生，人也变得很有礼貌，而且学习很努力。他再也不在班里充当反面教材了，相反，他成了全班的榜样。在头一年的期末阅读测试中，他的成绩只比四年级的平均分高出 16 个百分点；而到五年级时，他的成绩已高出年级平均分 68 个百分点。这种进步的产生只是由于我向他表明了我关心他，而这正是激励着他不断进步的原因。

这看起来很简单，其实本来也不复杂，孩子们想知道你在关心他们。在他们愿意付出努力去达到你的要求之前，他们想知道你也愿意为他们付出努力。一旦你这样去做了，与孩子们相处便是一种更容易、更愉快和更有意义的经历。

与家长相处的几个技巧

要想让班里的制度得以实施，求得家长的支持是很有必要的。如果家长们相信并支持你的判断，这就会有助于全班走过一个快乐而且相安无事的学年。然而假如你没有与家长建立一种正确的关系，与他们打交道就可谓是老师工作中最头疼的事了。我本人就有无数次胆战心惊的经历，所幸的是这些故事发生在我任教的头几年，它们让我能从中吸取教训，改变与家长互动的方法。然而，无论我的经验多么丰富，跟家长的关系有多么融洽，到头来，问题还是在所难免的。

我刚开始教书时，有一位克利夫兰太太觉得我对她的孩子过于严厉，她大吵大闹，还告到了校长那里，但毫无结果。有一天，她在电视上看到一则广告："如果遇到紧急情况，请拨打 911。"她觉得她遇到的问题已达到报警程度，于是她报警告发了我。警察出于例行公事，来到了我们教室门外。当警察把他们来的原因告诉我时，我差点儿跟他们吵了起来。后来克利夫兰太太被叫到学校，与校长、警察和教学主任见面。他们告诉她，仅仅因为对老师有意见就报警，这样做是不妥的。

我又想起班里一个叫达内尔的学生，他的纪律问题最严重，班里的其他学生家长我都电话联系过，只有他的家长总也联系不上，我不知道他是否把我给家长带的口信都传达给他的家长了。几周后，我终于拨通了达内尔母亲的电话。我们进行了如下对话。

考伯太太：喂？

我：我能跟考伯太太讲话吗？

考伯太太：您是哪位?

我：我是克拉克先生，达内尔的老师。

考伯太太：谁?

我：我是克拉克先生，达内尔的老师。

考伯太太：噢，他怎么了?

我：我跟您说，他老跟同学打架，还往同学身上吐唾沫，上课精神不集中，也不交作业。他可不能再这样下去了。

考伯太太：噢！您知道吗？他在家也是这样的。既然我在家都得对付他，您在学校也就将就着点吧。

这段对话也许令人难以置信，但我已经领教过好几个水平类似的家长了。有些家长把学校看作“白天看护所”，把老师当成必要的帮手。老师要想得到尊重，需要不断地努力。实际上，与考伯太太的对话也教会了我很多东西。第二年，当我面对一个叫特雷的非常淘气的学生时，我就使用了完全不同的方法处理。请看下面的对话。

班克斯太太：喂?

我：我能和您讲话吗?

班克斯太太：哪一位?

我：我是克拉克先生，特雷的老师。

班克斯太太：啊，他干什么啦?

我：实际上我打电话是想告诉您，我很喜欢特雷，他在我们班里学习非常积极，给班里的讨论增添了活跃的气氛。

班克斯太太：真的?

我：是的，我会对他说，“特雷，你的举止总是如此优雅，这都是你妈妈教育有方。”我给您打电话，就是想感谢您支持我教育特雷。

班克斯太太：是真的吗？他真没惹麻烦吗？

我：噢，没有。教他这样的学生，我感到很快乐。很高兴与您通话，我们保持联系吧。

班克斯太太：好吧，嗯，晚安，克拉克先生。

其实我刚才说的完全是不实之词，但这是我出于无奈而施用的小计策。实际上，那段时间特雷简直把我给气疯了，我已到了无计可施的地步，所以才给他妈妈打电话。第二天上午，他走进教室后看了我一眼，像是在说：你到底想干什么呢？我可以肯定当他听见他妈妈和我通过话时，他一定以为遇到麻烦了，但他妈妈却对他大加赞扬，我敢打赌他当时在想："哈哈，这回我在班里想干什么就干什么，老师根本不会告诉我妈。"而他对其中的秘密却一概不知。我在痛苦地等候了三天之后，再次拨通了特雷家的电话。

班克斯太太：喂？

我：您好，我是克拉克先生。您最近怎么样？

班克斯太太：噢，我挺好的，您怎么样？

我：我还好，但今晚做饭把炸鸡烧煳了。

班克斯太太：不会吧？

我：真糊了。我跟您说，我知道您听了以后会感到吃惊，说实话，我也觉得吃惊。

班克斯太太：怎么回事？

我：特雷最近有点调皮捣蛋，我真难以相信。

班克斯太太：他都干什么了？

我：他不做作业，还影响其他同学。今天找他谈话时我说，"特雷，我不敢相信你今天会有这样的表现，你家庭情况很好，你妈妈辛辛苦苦培养和教育你不容易，你在班里捣乱，实际上是不尊重她。”您猜怎么着？他满脸无所谓的样子。

班克斯太太：您别挂电话，克拉克先生。特雷！！你到底在学校干什么了？

在以后的几天里，特雷变本加厉地捣乱，但我一直与他妈妈直接联系，她也开始用心去教育特雷了。我们互相配合，一同帮助他，使他在以后的时间里能慢慢跟上班里的其他同学。我从给特雷母亲打的第一个电话中得到了真谛，那就是无论情况怎么样，与家长第一次联系时，一定要报喜不报忧。

如前所述，即使我有多年与家长相处的经验，有时也还是会出现冲突。我在纽约哈莱姆教书的第二年，有一个学生的父亲总是恐吓我，以致我认为他把业余时间都花在给我的录音电话里留下可怕的留言上了。如果他认为我给他女儿弗朗西斯卡留的作业太多，我就会听到他说他将把我大卸八块。这可是真事，我不得不尽量回避他。有一次，我带着弗朗西斯卡和另外五名同学出去游玩。我先领他们去一家不错的餐馆吃饭，然后去看电影，全部由我买单，我唯一要求家长做的就是晚上 8：00 在地铁站接孩子。结果我和弗朗西斯卡在车站坐着等到 8:30 还没见到她的家长，于是我让弗朗西斯卡在电话亭打电话回家。15 分钟后，她父母出现了，而且非常气愤。他们以为我会把所有的孩子都送回家。我向他们解释，在他们签过字的通知上写得很清楚，家长必须到车站接孩子。而他们的理由就是他们没看通知，他们认为我没有把所有的孩子护送回家，这样做极为无礼和失职。

你也许不知道为什么我要选择带弗朗西斯卡出去游玩，她绝对是一名优秀的学生，我知道她需要这种经历，她或许是我所教过的最具天赋的学生，尽管她父母总是让我感到恐惧。所幸的是他们愿意让我组织旅行，他们想让她茁壮成长，也知道这次旅行会在很多方面有助于她的成长，他们甚至同意我带着她和另外八名同学去北卡罗来纳州旅行。弗朗西斯卡在那次旅行中收获不少，学了滑水、滑沙和滑旱冰等运动。那一周她真是身心愉快，我知道那段经历会让她终生难忘。那次旅行她父母可以分文不掏，我只期待着在我把弗朗西斯卡交还给他们时，能听到他们少许的赞扬。然而她父亲记错了我们返回的时间，在学校等了好几个小时我们才回来，她父亲冲我大发雷霆，并当着其他家长的面斥责我让他等了那么久，这给他带来诸多不便，而我本应该把事情都安排妥当。他大发牢骚,喋喋不休。而在我驾驶着自己的汽车离开时，我的脑海里只珍藏着弗朗西斯卡在滑沙时露出的灿烂笑容。

我为什么要讲述这些令人不愉快的故事呢？说实在的，每当我遇到类似情况时，唯一能让我感觉好受一点的方法，就是听一听其他老师讲述他们相似的遭遇。于是我知道别人也遇到过同样的家长，这是在所难免的，把我的遭遇讲给别人听，能帮助他们更轻松地渡过自己的艰难处境。

另一方面，在我的教师生涯中也曾遇到过很多对我的工作予以大力支持、乐于助人而且与之相处融洽的家长。有的家长在我们的旅途中亲自护送，不辞辛苦地帮我们跑东跑西，实在令人感动。有时候为了我们第二天的聚餐，我会在前一天晚上 9:00 给家长们打电话，结果第二天早晨，家长们会托着一盘蛋糕站在我办公室门口。我请一位家长开车一小时去买 500 打甜甜圈，她欣然前往，即使她的汽车座位都被饼上的油弄脏了，她也毫无怨言。多么好的家长啊！然而，家长对我的最大帮助还是他们给予我的信任，不管学生如何喜爱你，他们总会有感到自己被亏待的时候，比如成绩不理想、批评太严厉，甚至没有更多地叫他们回答问题，都会成为孩子们对你不满的原因。我特别喜欢六年级时教我的老师伍拉德夫人，她是所有教过我的老师中我最喜欢的一位。但最近当我重读当时她要求我们写的日记时，却发现了这样一段话：“今天真够没劲的，我一次次地举手，可伍拉德夫人老是先叫别人，我恨死她了！”你应该能理解一个六年级学生的想法。

孩子们的可爱之处就在于，这种消极的情绪容易转瞬即逝，过不了多久，他们就又跟老师亲密无间了。但在余怒未消时，他们常向家长诉说老师的过错，此时，家长对老师的信任方能显现出来。新学年伊始，我就告诉家长要做好思想准备，孩子们可能会说我管得太严，或把作业留得太多，我也请他们理解我教育孩子的一片苦心。碰到善解人意的家长当然是种福分，但有的家长只相信自己孩子的话，并为他们辩解。很多次他们给我打电话时，根本就不问我事情的原委，他们只相信自己孩子所说的都是事实。当然，这样的家长为数极少，我遇到的绝大多数家长都对我的工作给予了通力支持，从而使我的工作和生活更加轻松。

在这里，我恳请学生家长能做到以下五点：

1. 如果觉得我教学方面有问题，请先别急着找校长，而是给我打电话，让我们先讨论一下你所关心的问题。

2. 如果需要与我交谈，请让孩子转交便条，我会给你回复，并安排见面的时间。不要不请自到，在教室门口大发牢骚。

3. 除非因病或家人去世，请不要让孩子上学迟到或缺勤。由于理发或带孩子买衣服而致使其缺勤，会传达给孩子错误的信息。

4. 请理解我不只教你的孩子，因此不可能做得面面俱到，全部的教育责任不仅仅属于老师一人，家长同样义不容辞。

5. 请相信我的责任心。

然而，我从未向学生家长提出过上述几点要求，因为我确信绝大多数家长对此都能够理解。我只是对那些不能理解的家长心存担忧，为此，我还总结出如下六点建议：

1. 与家长初次接触时，切记报喜不报忧。

2. 与家长谈话时，一定要先表扬孩子在课堂上的优点。（约翰也许门门功课都不好，但如果他美术课上得好，那就先谈美术课。）

3. 注意着装。我发现，当我穿西服、打领带去上课时，学生和家长们会对我格外尊敬，课堂纪律问题也会大大减少，和家长谈话时，他们的语调也显得更加尊重并乐于合作。另外，如果老师想要别人认为自己训练有素，那么他的穿戴和举止就应该有一定品位。

4. 一旦孩子有不错的表现，老师应该写好便条，请他们带给家长，或打电话给家长一个惊喜。（当我这样做时，家长总是予以赞赏，因为以前没有老师这样做过，家长喜欢听到自己的孩子有好的表现，而且这将对教师与家长建立良好的系起到长久的作用。）

5. 寻找各种机会感谢家长。如果他们为班里捐物、帮助举办晚会、与全班一同旅游或付出了其他劳动，请让孩子带回一张感谢便条，家长们会受到激励，日后将乐于提供更多的帮助。

6. 假如遇到实在难处的家长，可与校长面谈自己的想法，如不见效，索性对该家长退避三舍。若实在万不得已需要联系，应请学生代转便条。千万别自讨苦吃。

奖励和处罚学生的几点提示

无论批评还是表扬学生，我都尽量采用简洁的方法。我不愿意为了批评或表扬学生而去画表格、贴小旗、挂五星等，这只会弄得人手忙脚乱。我只想用既简单又快捷的方法达到最佳效果。因此，我认为最有效的方法就是：一旦有学生违反纪律，就把他或她的名字写在黑板上，以示警告。如果第二次犯错，就让他或她受一次处罚；再违纪一次，就再追加一次处罚。具体如下：

黑板题名

警告，只记下名字，没有其他后果。

第一次处罚

午饭时分，我会查看黑板上的违纪记录，需要接受处罚的学生都坐在我旁边吃午饭。席间不许说话，如果谁说一句话，第二天再加罚一顿“寂寞午餐”。

第二次处罚

第二次受罚者，课间不许休息，如果我和全班去进行室外活动，就让违纪学生沿围墙静坐。如果因下雨取消了室外活动，就取消那些学生的体育课时间。也许有些家长会说，不许孩子休息未免太残酷了，但我告诉他们：“别忘了，我们是同一个战壕里的战友。教育不是一件容易的事，有时我们不得不采取必要的手段来约束孩子的言行。”

记得在我正式教课以前，我看到沃德尔太太罚孩子不许休息，我心想：“真是个魔鬼。”但时隔两周，当一个学生在被我警告过三次后再次用钢笔敲打同学的头时，我也不得不发话了："好吧，达尼尔，你下课别休息了！"身为教师，一旦你走进教室，就必须设法维持课堂纪律。

第三次处罚

屡教不改的学生，将受到放学留校的处罚。我会首先给该学生一封信，内容如下——

亲爱的家长 / 监护人，

您的孩子需在__月__日下午 3:00 ~ 4:00 在克拉克先生的教室里留下来，具体原因是：

未交作业

忘做的作业______________

具体表现

解释____________________

____

请您在回执上签字，同意您的孩子课后留校。

签名______　　　　　　日期______

我总要确保向家长说明留校的原因和方式。每次发送留校通知前，我都要先跟家长谈好，征得他们的同意，否则我宁愿不这么做，多数家长愿意让孩子留校，然而有些家长则相反。在哈莱姆，多数学生在留校结束后就可步行回家，所以家长并不介意。而在北卡罗来纳州，学校地处农村，如果留学生到下午 4 点，家长就得老远地驾车专程赶来接孩子。有些家长觉得这很不方便，学生倒无所谓。我觉得孩子没按时做功课，家长负有一定的责任，因此，我喜欢采用这种处罚方式。但如果家长坚决反对孩子留校，那我就用另外一个同样有效的手段。例如，我会跟家长说好给学生两天时间，让他或她就一个题目写一份三页纸的报告，如果写不完就得被留校。大约有九成的报告是完不成的，于是家长只得妥协，允许孩子留校。如果你想用另一种方式代替处罚，那你必须保证，这种方式对于那些不情愿去做的学生具有相同的惩戒作用。如果那个学生看到其他人可以不受罚，那你要确保能够向他们解释代替处罚的方式是什么。切记，如果其他学生看到有些孩子逃过了留校的处罚而跟你理论时，你可以说："哦，是这么回事吗？你觉得他逃过了留校处罚？首先，你根本不知道我给他的处罚有多重；其次，别以为他侥幸逃脱了；最后，这与你毫无关系。"处罚学生并不一定非要让他留校，但你不能把事情挑明了，我的意思是，这个孩子可能会告诉大家他不必被留校，而是在接受一种替代惩罚，但你只管将此法进行到底，千万不要告诉班里的同学，你是在用替代惩罚来处罚某些学生。

第四次处罚

通常情况下，在我发出留校通知后，学生就会认真加以注意，因此很少有人受过四次处罚。我告诉学生，只要第四次受罚，就得立即请自己的家长来，一旦真的发生这种情况，我要根据错误的严重性采取不同的联系方式。比如，如果我认为问题不太严重，我就在课间或放学以后打电话。有的时候，我会要求学生当即站到走廊上去，然后用手机联系其家长，这种情况并不多，因为这会影响上课，但我也会偶尔为之，因为我想让学生知道，如果需要，我就当时用手机联系他们的家长。有时我甚至不得不请家长到校跟校长面谈。如果出现这种情况，我一定要对学生的表现进行书面陈述。例如，每天我都记录哪些学生被罚吃"寂寞午餐"，或被罚留校，以及受了四次处罚的原因。

这些要求似乎显得有些严厉和直接，开学的前几周，总是有半数的学生被罚吃“寂寞午餐”、不得休息，甚至课后留校。然而，大约一个月以后，每个人都开始懂得如何表现就能免遭麻烦，惩罚的次数也随之锐减。开始的时候，老师会辛苦一些，但到最后就省事多了。

提出要求是必不可少的，它是让孩子遵守纪律的关键环节。每年在宣读班级纪律前，我都要向学生发表演讲，演讲中所传达的信息在这一年中还要被重申几次。在我向学生宣讲这些信息时，我自己对此就深信不疑，因此，我会充满激情地演讲，他们也知道我会说到做到。演讲内容大致如下：

这一年有可能成为你人生中最有意义的一年。如果你们愿意听我的话，按我说的去做，我们班将取得骄人的成绩。你们必须相信我、支持我。我会付出110%的努力，使你们得到最好的教育。我不在意你过去的成绩如何，我也不在乎你以前遇到过什么问题。新学年开始了，我们将翻开新的一页，如果你们愿意遵守规章制度并竭诚努力，今年你们都会成为明星学生。我们不仅要成为全校的最佳班级，还要成为全国第一。

这似乎显得有些煽情，但关键在于，我确实相信这是可能实现的，无论你在全国任何地区找30个孩子放到我班里，我都相信上述目标是可能实现的。

有一点很重要，那就是我用一种特别的方式发表演讲，我充满激情、慷慨陈词，同时用目光与学生进行情感交流，说话时语气坚定。再看看学生们的眼神，他们分明也开始相信我的话了。为什么？因为他们愿意相信自己可能做到的事情，他们愿意相信这是真实的。

使孩子表现好的最后一个环节与奖励有关。当学生表现好时，你要让他们知道。我采用的主要奖励方式还是传统的表扬。我利用各种机会使孩子知道他们表现出众，或在某些方面具有天赋。我发现单独表扬一个学生固然有效，但当众表扬更能取得最佳效果，在其他同学面前表扬一个学生，是一种非常有效的劝导方法。

我在北卡罗来纳州教书时，有一个叫阿利斯的孩子，他多数科目都学得不好，考试经常不及格。在北卡罗来纳州，到五年级时，学生必须参加数学和阅读的期末考试，只有过了三级才能达到年级水平，如果过了四级，就高于年级水平。而一级和二级则低于年级水平，只过一级的学生必须参加暑假补习班或留级。前一年，阿利斯只过了二级，尽管我发现他很有潜力，但他有很严重的厌学情绪，我担心他在五年级时会下滑到一级水平。

开学的第一个月里，我们学习《狮子、女巫和衣柜》这篇课文，我要求学生们预测下一节将发生什么，而下一节的题目是“来自黎明的深层魔力”。阿利斯举手回答：“我认为会有一种更古老的魔法去毁灭罪恶魔法。”他说的完全正确，简直棒极了。我向所有的学生指出，阿利斯的预测太绝妙了，我为他能做出如此准确的预测而感到骄傲。

后来，我又请几位教过他的老师也表扬他在阅读课文时表现出的很强的观察力。我打电话告诉他母亲，我为他能集中精力上好阅读课，并积极参与课堂教学而感到骄傲。我是不是言过其实了？也许是吧，但此举的确成效显著。

当我继续讲解新的章节时，我又会让学生作一个预测，阿利斯的手总是第一个举起，他并不是总能预测正确，但我会装作毫不在意。比如，无论他的回答多么离谱，我从不会说他错了，而是说些诸如“噢，我知道你为什么这样说，阿利斯。别的同学有谁能告诉我？”之类的话。我尽力使他建立自信心，而绝不去损伤他的自信心，有时在我们阅读时，我会这样说：“这一节确实很难懂，但我希望你们大家都能理解作者想要表达的意思。我的意思是，我肯定阿利斯和其他几位同学都理解了，但我更希望所有的人都能理解。”

到了学期末的时候，阿利斯成为班里阅读能力最强的学生之一。在期末阅读考试中，他取得了四级证书。仅仅由于受到表扬，阿利斯便从此建立起自信心，开始相信自己是一个出色的读者，而在此过程中，他的确成了一名出色的读者。当然，高标准的要求、单独指导及激励因素都对阿利斯的进步起了重要作用，但毫无疑问的是，表扬才是关键所在。

然而，有时候仅靠表扬是不够的。一般情况下，每年我都要带学生进行25 ~ 30次的小规模旅行，但不一定每次都是全班参加。我一般先带三四个孩子去，因为小规模很好组织。我们通常会去一些不需要事先作太多准备的地方，比如看电影、参观博物馆之类的。这类活动即快捷又简便，却能对班集体的良好氛围产生显著的影响。当有些学生发现我只组织了某些学生出游时，他们会问我为什么不带他们去，一般情况下，我总是先组织那些表现好、功课好的学生，为的是给其他同学树立一个好的典范。

最后，我会组织全班同学参加较大规模的旅行，但如果谁没有按我要求的去做，就不会被邀请参加。这些旅行有的非常有意思，例如，观看职业篮球比赛、游览海滨、游乐园，以及参加各种文化活动。每年还有至少一次住宿旅行，这是一种主要的激励方式。我从这些活动中明白了一点，那就是千万别把此类活动变为一种惩罚形式。不能够参加这样激动人心而又有教育意义的旅行，的确可能伤害孩子。我就曾苦口婆心地说服那些不让孩子去玩的家长，他们觉得自己的孩子表现不好、成绩又差，没资格去玩，但我告诉他们，如果不让孩子去玩，那给他们带来的弊将远大于利。

有一次，我带领12名学生去观看北卡罗来纳州篮球队的比赛，对于他们来说，这如同做梦一般令人心驰神往，为了做好准备工作，他们必须查出队员的档案数据，以便能够完成计算表和其他作业。此外，他们还要了解篮球队的历史及其训练项目等。我们出发前的几天，一名叫罗德奎斯的学生没有收集完信息，也没交作业，我就当众宣布，如果第二天罗德奎斯还交不齐作业，就不让他去。第二天，他仍然没做完作业，还编造出种种借口，于是我宣布他不能去旅游。我敢说他当时简直都要垮了，但很明显，他尽量不在别的学生面前表现出来。在那次活动的整个过程中,我一直在想，要是罗德奎斯参加了，那他该有多高兴啊。学生们甚至在球赛的休息间隙上场投了篮。那可真是一次千载难逢的好机会，而我剥夺了罗德奎斯的这次机会。虽然首先是他没有完成作业，但我也不该说如果他不交作业，就不让他去旅行。有些时候，是不应该使用这种约定的。你必须着眼大局，扪心自问，对孩子来说什么才是最佳手段。对罗德奎斯更好的惩罚方法也许应该是在旅行回来后，罚他一个星期每天放学后留校，而不该剥夺他这次旅行的机会。让他有所损失是合理的，当然，惩罚孩子损失一些特权也无可厚非，但我们绝不能剥夺那些本来能够激励或鼓舞他们、甚至改变他们生活的经历。

我对奖惩的另一个观点是事后立即落实。学校的管理部门却无法做到这一点。在有些学校，如果一个学生被上报违纪，他有可能要等到几天以后才被叫到办公室进行处理。有一些学校评比“每周之星”，校长可能会奖给该学生一个冰激凌，但往往要等几个星期之后才能兑现。可以设想一下，如果我们的工资（或奖金）要迟发两个星期，我们将作何感想呢？将心比心，我也不能靠喝西北风活着。假如在一场篮球比赛的最后一刻钟里，裁判吹了黑哨，结果又将如何？简直是滑稽可笑。

记得有一次我把全班分成每七人一组，告诉他们，在星期五的单词测验中获胜的那一组将得到一大块比萨饼。结果，那一周出现了全年最高的单词测验分数，优胜组得到了100分。他们欣喜若狂，就等着吃比萨饼了，可我忘了及时在午饭时间订饼。后来我告诉他们我会在下周一订，但该组有两个孩子那天没来。等又到周五的时候，他们还是没有吃上比萨饼。不用我说，那个星期五我看到了全年最低的单词测验分数。

一天上午，我们班上有两个学生在浴室打起来了，我简直弄不懂为什么他们总要在浴室里开战。我闻讯后赶到浴室，费了好大劲儿才把他俩拉开，他们看上去都是怒气冲冲的。我带他们到楼下办公室见校长，她说她马上就解决。但我们下课后，在前往餐厅的路上，发现那两个小子还坐在办公室里，他们说还没见到校长，于是我就带着他们先去吃午饭。午饭后，我跟他俩谈话，顺利解决了问题。这事情发生在星期三，到第二周的星期一，专门负责处理学生问题的老师驾到了，并对两个孩子说，要罚他们留校两天。那几天两个孩子表现得很好，不仅专心听课，连打架的事也早忘得一干二净了。而这事过去几乎一个星期了，他们却又要受罚，未免有些荒唐。这使我想起最近我姐姐跟我讲的一件事。我外甥奥斯汀在科马特调皮捣蛋了，但她必须等到家两个小时以后才能去接他，她说那时奥斯汀根本都不记得自己因为什么要受到惩罚了。

为达到理想的效果，奖惩必须及时实施，而实施得越及时，对孩子的作用就越大。

结语

在我写完这本书的时候，我感到自己是一个幸福的人。把许多思想和故事付诸文字，这工作的确比我预想的要难得多。我的挚友阿蔓达问我："你的大作打算怎么结尾？我最不喜欢那种结尾糟糕的书了。"她的话令我颇感震惊。我尊重她的观点。此书到底应该怎样结尾呢？对于初学者来说，我知道至少阿蔓达会喜欢这种结尾，因为她的名字也在其中。但对于其他人来说，我希望能再多写一些。在我决定结束此书前，我和斯诺登小学的琼斯老师进行了交谈，她说："克拉克先生，请告诉我你在此书中表达的生命的意义是什么，我很想听听您的高见。"可惜我没有提及这一点，这倒似乎是一个合适的结尾。对，就这样写！

对于我来说，人生是酸甜苦辣、五味俱全的，有些时候是你为自己努力，也有些时候是你为别人付出。作为老师，同时也是一个普通人，我曾努力给人们带来特别的惊喜。前文说过，有一次我领学生们去北卡罗来纳州大学去观看职业篮球训练。训练结束时，我告诉学生们："孩子们，我知道我曾告诉过你们，我到这儿来只是看比赛，但你们却不一样，你们需要有所提高，因为我们将在迪恩体育馆赛一场球！"时至今日，我仍然记得当时肯尼·布朗兴奋得欢呼雀跃的样子，他的脸上显出激动的神情，他的眼神中流露出纯粹的兴奋和惊喜，我知道那一时刻将会令他永生难忘。

当我宣布我们将去白宫时，当我让哈莱姆的学生惊喜地得知我们将踏上前往洛杉矶的旅途时，这些时刻都曾令孩子们激动不已，每次我都让学生们置身于充满新鲜感的氛围中，使他们觉得自己正过着一种真实而有意义的生活。给他人创造那种难忘的时刻、让他们体验那种特别的情感，对于我来说就是生命的全部意义所在。如果说本书想要表达某种思想的话，我希望它能鼓舞你为孩子们创造更加丰富多彩、更有意义的生活，引导他们健康成长，尽量让他们感觉到自己处处受到关爱，给他们创造特别的时刻以增添他们生活的乐趣，激励他们努力使别人的生活与众不同。当然，最重要的是教导他们热爱生活。

好评如潮

学生如是说

• 只要你还有一点儿学习能力，他就能把你调教出来，让你成明星。

——库梅莎，纽约哈莱姆学校六年级学生

• 克拉克先生给了我不断进取的力量，他对我充满信任。他告诉我要永不放弃、坚持不懈，这些都是其他老师没有教给我的。

——塔玛拉，纽约哈莱姆学校六年级学生

同行如是说

• 如果当初有这本书，那我从教的第一年就不会那么艰难了。

• 无论你在以何种方式影响着一个孩子的生活，请现在就去看这本书。我做高中教师已近十年，非常清楚现在的学生缺什么——社交能力、对他人的尊重和文明举止。老师们都愤愤地说，这些本应该是家长教给孩子的，现在却把责任推给了老师！其实是很多老师不知从何处着手、采取什么方式最恰当。克拉克先生不仅坦然面对这个问题，还为读者提供了手把手的指导。有了克拉克先生的帮助，让我们所有人都来为培养文明小公民尽自己的一份力吧。

• 这本书对所有教师都大有裨益。作为一名教师，我会使用本书中的一些规则。这些规则可以帮助学生应对现实世界的挑战，将来他们参加面试、跟老板讲话、跟周围人相处时，都能用上这些规划。

• 这本书最让人感动的，就是克拉克老师那种对教育坚持到底的信念，以及他一心一意为学生付出的热情。这本书非常适合正在当老师的人，以及想要当老师的人阅读，因为当你开始觉得缺乏动力时，它会是最好的“燃料”，使你不忘记最初的热情！

读者如是说

• 非常感谢克拉克先生为我们编写了这本教孩子举止文明、力争优秀的书。我边看边情不自禁地频频点头——“是这么回事”、“的确如此”、“太棒了”！虽然并不是克拉克所说的一切我都赞成（比如对抱怨家庭作业的学生罚做双份），但我对他 95% 的理念与策略都强烈认同。总而言之，这是一本卓尔不凡的书，我希望每一位有幸得到这本书的家长和教师都能花时间用心读一读。

• 克拉克的这本书所关注的很多问题，正是为人父母者和为人师者经常忽略的细节。他的这些规则，无论你是一位母亲、父亲、店员、高级经理还是副总统，都可以运用。我丈夫很喜欢这本书，他还建议他的雇员都来读这本书，有孩子的尤其要读。

• 我发现这是一本怎么夸奖都不为过的书，书中的一些故事让我掉下了眼泪。我有两个正在读小学的孩子，我把书中这位教师的理念讲给我 7 岁的儿子听，他竟夺过书去自个看起来。我打算再买一本，开学后带到他的学校去，让教师们传看。对于家长和教育工作者来说，这是一本必读的书。

• 作为一名工程师，我觉得这本书不仅仅适合教师，而且适合每个人。我们公司的很多人都不懂得这些基本礼仪。读完此书，我更加留心怎样与人交往了。我也会将书中的智慧教给我自己的孩子。

• 文明的延续有赖于礼节的存在，而这似乎已为一代人所遗忘了。无论我们有多少台电脑，无论我们挣了多少钱，无论我们发展得多么好……如果我们不知道怎样对待他人，我们又怎能获得自尊？克拉克获奖是当之无愧的，我们的教育应该发生一个根本性的转变，将这类教育列入学校的课程中。

青少年核心素养教育系列图书

《强力大脑课堂：有效激发大脑潜能》

ISBN 978-7-121-35218-8

美国国家首席培训师、强力大脑健康项目主管戴夫·比尔带你认识强力大脑培养所需的 10 项基本要素，并辅以图文并茂的 30 个开发强力大脑的课堂活动。

《优秀是教出来的（II）：教出优秀孩子的 11 个要素》

ISBN 978-7-121-34341-4

获得美国“最佳教师奖”的罗恩·克拉克老师继《优秀是教出来的：创造教育奇迹的 55 个细节》后的又一力作，告诉你教出优秀孩子除需要注意 55 个细节，还要培养学习 11 项核心素养。

《青少年领导力：卓越领导五种习惯行为（第 2 版）》

ISBN 978-7-121-28314-7

本书旨在帮助学生了解领导力，助其将愿景转化为现实，将理念转化为收益，且其所有内容都基于实证。书中所写的一切内容、提出的一切建议都是有扎实的研究基础的基于作者或者其他人的研究。

本书为领越®青少年领导力课程配套读本。

《学生情商优势》

ISBN 978-7-121-28838-8

本书是学生情商培养的教学教材，专门为学生编写。本书将帮助学生理解和发展他们的情商，使他们获得更丰富的学习经验和卓越的学术成就。

配套课程资料

领越®青少年领导力

- 美国、新加坡等高校、社区大学、职业学校作为基本课程广为采用。
- 高互动性课程，体验式学习，实现快速的学生思维转变，为终身的领导力发展打下基础。
- 以培养学生领导力为核心，培养学生创新、询问、合作能力。

扫码了解领越®青少年领导力课程详情。

领越® SLPI 是青少年领导力评测工具。

扫码了解领越®SLPI 评测详情

学生情商优势

《学生情商优势》课程，通过自我评估、体验式学习、反思式倾听、开发式提高等多种形式，运用案例讨论等提升学生情商的各项能力。

扫码了解《学生情商优势》培训课程详情。

EQ-i: YV 是 MHS 公司的 18 岁以下青少年学生情商评测工具。

扫码了解情商测评详情。